Gertie Martin-Schnapp • Paul

Gertie Martin-Schnapp

Paul

Roman

Bibliografische Information der Deutschen Nationalbibliothek
Die Deutsche Bibliothek verzeichnet diese Publikation in der
Deutschen Nationalbibliografie; detaillierte bibliografische Daten
sind im Internet über http://dnb.dnb.de abrufbar.

www.medu-verlag.de

Gertie Martin-Schnapp
Paul
Roman
© 2020 MEDU Verlag
Dreieich bei Frankfurt/M.
Korrektorat: Reinhold Scheid
Covermotiv: © Hans Braxmeier / Pixabay
Covergestaltung: MEDU Verlag

Printed in EU

ISBN: 978-3-96352-050-1

Für Johanna

I

Paul

Es wird Herbst, bunt gefärbte Blätter wiegen sich sanft im Wind, bevor sie lautlos schwebend zur Erde gleiten.

Seit einigen Tagen ziehen dichte Nebelschwaden morgens und abends durch unser liebliches Tal, entlang des Flussufers. Der nahe Waldrand verbirgt sich in schimmernden Wattefäden. Ein verregneter Sommer geht zu Ende. Jetzt, im beginnenden Herbst, bricht sich die Sonne am Mittag ihre Bahn durch die Wolkenschleier, legt sich schmeichelnd warm auf meinen Rücken, während ich hier sitze und dem schnell fließenden Wasser zuschaue.

Wie oft saß ich schon hier, schaute in die Unendlichkeit des rasch dahineilenden Wassers und vergaß dabei all meine Kümmernisse.

Heute will und will sich mein Herz nicht beruhigen. Es pocht laut und schnell und füllt mit seinem Pochen mein ganzes Denken aus. Neben den warmen Sonnenstrahlen spüre ich einen Schatten, einen Hauch von Kälte, mich fröstelt. Ich lasse meinen Blick schweifen, eine winzige Hoffnung steigt wie ein Blitz in meinem Kopf auf, um sofort wieder im Nichts zu verschwinden. Ich höre ihre Stimme, spüre ihren Atem, rieche ihr Parfüm. Rasch wende ich den Kopf. Die Birken und Pappeln schauen mich gleichmütig an, die Trauerweide senkt ihre Zweige, als verstünde sie, wie es um mich steht.

Nur sie, meine Elly, sehe ich nicht. Sie ist fort.

„Wenn ich nicht bei dir sein kann, suche dir so rasch wie möglich eine neue Partnerin", ermunterte sie mich oft, „genieße nur die schönen Stunden und sorge dafür, dass jeder seine Wohnung behält, du willst doch immer frei sein. Dann kannst du dich zurückziehen, wann immer du willst und dich auch wieder mit der Frau verabreden, wenn du Lust dazu hast."

Ja, so klingt ihre Stimme noch halb lachend, halb ernst in meinen Ohren.

Elly sprach immer aus, was sie dachte und wovon sie überzeugt war, lange bevor ich überhaupt zu denken begann.

Plätschernd bewegt sich das klare Wasser des Flusses über die ungleichen Steine.

Mein Fluss. Hört er mir zu?

Und Elly? Sie war keine Schönheit, klein und ein bisschen pummelig, mit hellwachen, tiefbraunen Augen, denen nichts zu entgehen schien. Schon als ich sie zum ersten Mal sah, spürte ich diesen freundlich wissenden Blick und dachte, diese Frau sieht und versteht alles. Ein Gefühl unendlicher Geborgenheit durchströmte mich spontan.

Natürlich war nichts an ihr, was mich als Mann vollkommen außer Rand und Band geraten ließ. Ich denke jetzt oft darüber nach, ob sie mein fehlendes Begehren an ihr als Frau nicht zu sehr kränkte. Trotzdem, zwischen uns war eine Vertrautheit, die natürlich auch unser gemeinsames regelmäßiges Kopfkissenteilen einschloss. In den Jahren, die wir miteinander verbrachten, und es waren viele, wuchsen wir zusammen, wie das Fleisch einer tiefen Wunde, bis es vernarbt.

Und obwohl nur noch ein weißer Strich auf der Haut an den Schmerz erinnert, spüre ich, dass die Wunde nicht wirklich verheilt ist.

Wir waren beide tief verletzt, als wir uns begegneten. Ich hatte die Hoffnung schon aufgegeben, wieder einen Menschen, eine Frau zu finden, mit der ich mein Leben vielleicht teilen konnte. Ein meinem Alter entsprechendes weibliches Wesen, das in mir nicht gleich den Versager sah. Einen Neuanfang wollte ich wagen, alles richtig machen. Seit meiner Scheidung im Jahr zuvor waren meine wenigen Versuche kläglich gescheitert. Ich wollte ehrlich sein, einer neuen

Partnerin nichts verschweigen, ihr keine falschen Hoffnungen machen.

Und Elly, Elly begriff, wie es um mich stand. Sie hörte zu, tröstete mich, wusste immer was zu tun war, hatte immer ein verständnisvolles Wort und sah in allem nur das Positive.

Vielleicht hätte ich ihr auch zuhören sollen, mich mehr für sie, für das, was sie erlebt hatte, interessieren müssen. Hätte sie vielleicht spüren lassen müssen, dass ich sie auch verstehen wollte und wenn ich mir Mühe gäbe, auch könnte? Aber ich sah nur mich, meine Probleme, war mit mir beschäftigt, mein Kopf und mein Herz waren nicht wirklich frei. Immer wieder stand ich mir selbst im Weg, ohne es richtig zu begreifen.

Bitterkeit steigt in mir auf. Ich wollte doch gar nicht viel vom Leben, vom Dasein, nur in Ruhe mit meiner Familie leben. Ich hatte keine Illusionen, keine hochgesteckten Erwartungen. Sicher, ich hatte auch keine große Lust mich anzustrengen, der Vater hatte recht, der Ehrgeiz plagte mich nicht, ich wollte nichts Besonderes, nur in Ruhe gelassen werden. War das etwa zu viel verlangt?

Ach Elly, Elly wo bist du? Was soll ich nur tun ohne dich?

Ja, ich hatte eine feste Anstellung bei einer Behörde und war inzwischen so gut wie unkündbar. Es war kein Traumjob und mein Gehalt war das eines einfachen Facharbeiters. Aber ich war unterhaltspflichtig für meine Kinder und meine geschiedene Frau. Die Zahlungen waren vom Familiengericht so hoch angesetzt, dass mir nur sehr wenig zum Leben blieb. In meiner Freizeit reparierte ich Autos mit kleineren Unfallschäden, aber es fehlten mir die Mittel, um die einfachsten Werkzeuge zu beschaffen, die nötig gewesen wären, um aus meinem Traumberuf eine wirkliche Einnahmequelle zu machen. So konnte ich zwar ganz langsam das Häuschen instandsetzen, das ich für uns, als wir noch eine Familie waren, erworben hatte. Ich wollte doch endlich mit meiner Frau und meinen Kindern alleine sein, ohne all die lästigen Störungen durch meine oder ihre Eltern, die uns beide die ersten Jahre des Zusammenseins, keine Luft zum Atmen ließen.

Zunächst wohnten wir bei meinen Eltern. Meine Mutter stand abends schon am Gartentor, um mir mit einem giftigen Unterton in der Stimme all die Dinge vorzuhalten, die meine Frau während des fast vergangenen Tages getan oder auch nicht getan hatte. Für sie war und blieb Susanne ein durchtriebenes weibliches Wesen, das ihren Sohn, in seiner Einfalt, wie sie es oft nannte, verführt hatte und jetzt ihre Tage mit Faulenzen, Rauchen und Romane lesen verbrachte. Mutters Spruch, die Männer seien ja so dumm und leicht zu durchschauen, sie müsse sogar auf den Vater aufpassen, sonst verdrehe ihm das nichtsnutzige Geschöpf, das ihr schon den guten Sohn verdorben habe, auch noch den Kopf, bekam ich täglich zu hören.

Nachdem unsere zweite Tochter geboren war, verging kein Tag, an dem Susanne nicht bettelte, „Paul, lass uns zu meinen Eltern ziehen, die Miete ist niedrig, meine Mutter könnte auf die Kinder aufpassen, wir hätten mehr Zeit für uns und ich könnte vielleicht wieder einige Stunden als Frisöse arbeiten."

Als mir wieder einmal Mutters Vorhaltungen zu viel wurden, gab ich nach und schon eine Woche später zogen wir um.

Am Anfang war alles ganz nett. Susanne bemühte sich das Essen fertig zu haben, wenn ich nach Hause kam. Unsere Nächte spiegelten den Anfang einer widergewonnenen Zweisamkeit wieder. Und wenn ich gerade kein Auto im Hof stehen hatte, das dringend fertig werden musste, machten wir mit den Kindern sogar einige schöne Spaziergänge im nahe gelegenen Tannenwald. Es war Frühling, die Buschwindröschen blühten in voller Pracht weiß und blau, die Vögel tirilierten, ein leichter Wind begleitete uns. Anni lief jauchzend den ersten Schmetterlingen hinterher, Jule strampelte vor Freude im Kinderwagen und alles hätte schön sein können.

Aber …

Als wir einmal von einem langen Spaziergang zurückkamen, sah ich, wie meine Schwiegermutter, vorsichtig umherspähend, gerade aus unserem Schlafzimmer schlich. Von mir zur Rede gestellt gestand sie laut schluchzend, sie habe nach Geld gesucht und wisse, dass ihre Tochter immer alles im Wäscheschrank verstecke.

Ich war starr vor Entsetzen, vor Enttäuschung, vor Scham. Meine Familie, mit der ich endlich in Frieden leben wollte, und nun das.

Ein befreundeter junger Priester fiel mir ein, mit dem ich im Sportverein vor meiner Heirat trainiert und dem ich mich inzwischen einige Male anvertraut hatte.

„Paul", pflegte er zu sagen, „Paul, in jedem Paradies gibt es Schlangen. Es kommt nur darauf an, wie rasch du sie erkennst, um dich dann von ihnen möglichst fernzuhalten."

Er hatte leicht reden, durch den Zölibat an keine Frau gebunden, wusste er nicht wirklich etwas von meinen Problemen und ich bereute mich ihm anvertraut zu haben.

Susanne schluchzte, sie habe keine Geheimnisse vor ihrer Mutter und wenn die Mutter das Geld benötige, sei sie die Letzte, die ihr nicht helfen wolle.

Ich war sprachlos. Die Worte meiner Mutter fielen mir ein: „Aus einem verdorbenen Menschenkind machst auch du keine anständige Frau."

Rasch schob ich die Bitterkeit beiseite. Nein, Susanne war meine Frau und dass sie zu ihrer Mutter hielt, war ja nichts Schlechtes.

Aber ich begann, wenn wir die Wohnung verließen, alles abzuschließen und es vergingen einige friedliche Wochen bis, ja bis ich bemerkte, dass meine Schwiegermutter einen Zweitschlüssel besaß.

An einem Sonntag, die Kinder waren übers Wochenende bei meinen Eltern, wir wollten ausschlafen und waren ganz in unsere Umarmung vertieft, stand plötzlich meine Schwiegermutter vor unserem Bett.

„Lass dir nur noch ein weiteres Kind anhängen, dann wirst du den nicht mehr los", verkündete sie mit ihrer hämischen Stimme und krachend fiel die Schlafzimmertüre hinter ihr zu. Starr vor Schreck ließ ich meine Frau los und eilig zogen wir uns an. Der Sonntag, der so schön begonnen hatte, war dahin. Wortlos verließ ich unsere Wohnung.

In den folgenden Wochen erwies sich jeder Versuch, mit Susanne allein und in Ruhe zu sprechen als sinnlos. Sie brach sofort in Tränen aus und verbrachte dann die Nacht im Schlafzimmer ihrer Mutter.

Und ich, ich begann nach der Arbeit beim Wirt vorbeizuschauen, reparierte keine Autos mehr, vernachlässigte meine Kinder und ging erst nach Hause, wenn ich annehmen konnte, dass alle schon schliefen.

Mit jedem Glas Bier wuchs meine Wut auf alles. Auf meine Arbeit, die mich nicht wirklich befriedigte – Papierkram hatte mich noch nie interessiert –; auf meine Frau, die sich hinter ihrer Mutter verschanzte; auf meinen Vater, der mir nie etwas zutraute, der davon überzeugt war, dass aus mir nichts werden konnte; auf meine Mutter, die immer alles vor dem Vater verbergen wollte und an meiner Frau kein gutes Haar ließ.

Einmal, ich hatte meinen Schlüssel vergessen, fanden mich die Kinder am frühen Morgen betrunken vor der Haustüre liegend. Susanne und ihre Mutter wurden nicht müde mich zu verspotten, bis ich mühsam, kaum das Gleichgewicht halten könnend, aufstand und Susanne in meinem aufflammenden Zorn, in dem alle Ungerechtigkeiten meines bisherigen Lebens, alle unerfüllten Erwartungen der Anderen an mich loderten, mit großer Heftigkeit ins Gesicht schlug. Sie stürzte und zog sich beim Aufprall eine tiefe Wunde im Gesicht zu, die genäht werden musste.

In der folgenden Zeit schlief ich im Wohnzimmer, die Kinder schauten mich ängstlich an und Susanne blickte durch mich hindurch, als existierte ich gar nicht und verschwendete kein Wort mehr an mich.

Ich schämte mich so. Wie konnte es nur soweit kommen? Wir hatten uns doch ganz gut an das Leben als Ehepaar gewöhnt.

Wir hatten nicht aus Liebe geheiratet. Susanne hatte es bis jetzt nicht geschafft, Marlenes Bild in meinem Herzen zu verdrängen. Aber das ging nur mich etwas an. Mit der Übernahme der Pflicht, als meine Mutter von mir verlangte, Susanne zu heiraten, weil sie mein Kind erwartete, hatte sich eben alles verändert.

Susanne gab sich Mühe, manchmal entdeckten wir sogar gemeinsame Interessen. Wir sangen beide gerne und besuchten die Probeabende der örtlichen Liedertafel, wir gingen gerne im Wald spazieren und wir spielten beide Handball. Aber das alles schien nicht zu reichen. In der letzten Zeit gingen wir uns nur noch aus dem Weg. Das war meine Schuld, der Vater hatte recht, ich taugte zu nichts, hatte kein Durchhaltevermögen und es sah so aus, als wisse ich nicht, wohin der Weg führt. Sogar als Ehemann und Vater schien ich zu versagen.

Eines Tages, inzwischen war es Herbst geworden, lag ein Brief vom Gericht auf dem Küchentisch. Mit zitternden Händen öffnete ich den Umschlag. Das Nachlassgericht teilte mir mit, dass ich Alleinerbe meiner Großmutter sei, die wir im vergangenen Winter begraben hatten. Mein Vater war empört, dass ihn seine Mutter beim Erbe übergangen hatte, beruhigte sich aber rasch und meinte mit einem sarkastischen Unterton in der Stimme: „Das wird dir auch nicht helfen, aber vielleicht kannst du euch von dem Erbe ein eigenes Heim schaffen, dann wirst du ja sehen, ob es dir so gelingt, deine Familie zu halten oder nicht."

An diesem Abend erzählte ich meinem Freund, dem Fluss, von der neuen Möglichkeit, alle Probleme vergessen zu können. Ich wollte nach einem geeigneten Haus suchen, um endlich mit meiner Familie allein zu sein und noch einmal von vorne beginnen zu können.

Und der Fluss rauschte und hörte mir zu. Ich wollte noch einmal eine Chance, wollte alles vergessen was war. Wollte für meine Familie sorgen und vor allem, ich wollte nie wieder die Hand gegen meine Frau erheben, nie mehr.

An den Wochentagen begann ich wieder Autos zu reparieren, samstags studierte ich eifrig die Immobilienanzeigen in der Zeitung meiner Eltern, wir bezogen keine eigene Zeitung, um Geld zu sparen. Sooft ich glaubte, ein geeignetes Angebot gefunden zu haben, rief der Vater „Paul, das ist doch viel zu teuer" oder „Paul, das ist bestimmt nicht mehr als eine Bruchbude, du hast doch gar kein handwerkliches Geschick, so ein Gebäude bewohnbar zu machen. Damit erreichst du bei deiner Frau genau das Gegenteil". Und nach einem tiefen Seufzer fügte er hinzu: „Ein Haus zu bauen oder zu renovieren belastet eine Ehe, eine Familie enorm. Paul, ich weiß aus eigener Erfahrung wovon ich spreche, und eure Ehe ist alles andere als belastbar. Überlege gut, was du tust."

Wieder einmal legte die Mutter den Finger auf den Mund, was bedeutete, „Sag nichts, wir werden schon eine Lösung finden."

Entmutigt und doch intensiv nachdenkend lief ich sonntags durch den Wald, richtete montags nach der Arbeit Autos, mit der heimlichen Erwartung, am jeweils darauffolgenden Samstag ein geeignetes Objekt zu finden. Ich wollte allen zeigen, dass ich es schaffen konnte, wollte meine Ehe nicht aufgeben, meinen Kindern die Familie erhalten und meinem Vater beweisen, dass ich keinesfalls zum Scheitern geboren war, wie er oft betonte.

Der Erlös von Großmutters Häuschen war viel höher, als ich erwartet hatte. In meinem Kopf schlugen die Ideen Purzelbäume. Plötzlich über eine so große Summe verfügen zu können, überstieg fast meine Vorstellungskraft.

Und dann dachte ich an Maria. Maria, die in dem fernen Amerika lebte, die ihren Mann verloren hatte und die mit ihrem kleinen Sohn ganz alleine war. Nun konnte ich endlich etwas für sie tun. Ich wollte, ja ich musste das Erbe teilen. Für uns würde dann immer noch genug übrig bleiben, um unseren Traum vom eigenen Heim zu erfüllen. Ich musste nach Amerika. Das war die Gelegenheit Maria wieder zu sehen und auch meinen kleinen Neffen kennenzulernen.

Die Eltern zeigten sich sehr erstaunt über meine Idee, das Erbe teilen zu wollen, nur Susanne war wütend. Sie war sich mit ihrer Mutter einig, so viel Geld bekäme man nur einmal im Leben, warum also teilen? Die Reise würde sicher auch sehr viel Geld verschlingen, das sei meiner Familie gegenüber unverantwortlich.

Aber mein Entschluss war gefasst. Maria schien sich sehr über meinen Brief zu freuen, in dem ich ihr meinen Besuch ankündigte.

Schon im Flugzeug begann ich zu begreifen, was es bedeutete, hoch oben im Wolkenmeer, Freiburg und die ganze Familie hinter sich zu lassen. Alle Probleme schrumpften zusammen und verschwanden in der Unendlichkeit im Nichts. Nur noch der grenzenlose blaue Himmel über mir und das weiße Wolkenmeer wie Watte ganz weit unter mir.

Maria wieder zu sehen nach all den Jahren, war ein lang gehegter Wunsch von mir. Es war, als hätten wir uns nie getrennt. Und Toni schien über den Besuch seines Onkels ganz glücklich zu sein. Endlich konnte ich mit meiner, von mir so geliebten Schwester, über alles sprechen, was mich bedrückte. Über Vaters Ansprüche an mich, seine, nach meinem Empfinden, vorgefasste Meinung über meine Unfähigkeit, meine, von ihm immer wieder betonte Bequemlichkeit und mein fehlendes Durchhaltevermögen.

Und Maria, sie sprach mir Mut zu, versicherte mir immer wieder, die Eltern meinten es nicht wirklich schlecht mit mir. Sie hätten einfach durch die Erlebnisse im Krieg und die schwierigen Zeiten danach eine andere Sicht auf die Dinge als wir. Sie freute sich sehr über die unerwartete, finanzielle Unterstützung, die sie nach dem Tod ihres Mannes nur zu gut brauchen konnte.

Die Tage bei Maria und Toni waren wie ein Traum. Alles erschien größer als zu Hause, unendlicher, freier, grenzenlos.

Beim Abschied nahm mich Maria tröstend in die Arme.

Ich solle nur versuchen meinen Weg zu gehen, sie denke immer an mich und begleite mich in Gedanken jeden Tag.

Und wunderbar getröstet flog ich wieder nach Hause, voller Tatendrang und bestärkt in meinem Vorhaben.

Susanne und ihre Mutter spotteten: „In Amerika wollten sie anscheinend einen Träumer wie dich auch nicht behalten."

Und ich? Ich konnte nach dieser Reise nur über sie lächeln.

Vertraulich erzählten die Eltern, wie froh sie seien, dass ich zurückgekommen sei, sie wären sich nicht sicher gewesen, ob ich nicht auch in Amerika bleiben wollte.

Das Haus stand an der Durchgangstraße eines kleinen Weindorfes, ganz in der Nähe meiner Heimatstadt. Früher wurde hier Brot gebacken, aber nach dem Tod der beiden Bäckersleute war der Laden verwaist und das ganze Gebäude verwahrlost. Zum Haus gehörten ein geräumiger Innenhof, den ein gewaltiges Holztor von der Straße trennte, und eine große, alte Scheune.

Hier können meine Kinder spielen, während ich Autos repariere, schoss es mir durch den Kopf, als ich das Gebäude zum ersten Mal sah.

An einem Samstag, ich hatte inzwischen schon einen Teil der zerfallenen Möbel entfernt und ein bisschen aufgeräumt, nahm ich Susanne bei der Hand und fuhr mit ihr zu *unserem neuen Zuhause*. Auf der Fahrt sprachen wir kein Wort. Freudig erregt schloss ich das Tor auf. Ungläubig staunend ließ sich Susanne von mir durch beide Stockwerke führen. Dann brach es aus ihr heraus: „Du willst doch nicht wirklich mit dem schönen Geld deiner Großmutter dieses vergammelte Haus kaufen? Und wer soll das alles instand setzen? Ich sehe nur bröckelnde Wände, veraltete Holzöfen und blinde Fensterscheiben. Und wer glaubst du, entfernt den ganzen Dreck?"

Mit überschwänglichen Worten, meine Enttäuschung verbergend, begann ich ihr auszumalen, in welcher Reihenfolge ich mit dem Renovieren beginnen wolle, versprach ihr einen offenen Kamin und einen Heißwasserboiler, schwärmte von den großen Zimmern für die Kinder und dem schönen Innenhof mit angrenzenden Garten und seinem alten Baumbestand. Aber Susanne schimpfte lautstark weiter: „Du hast mir doch versprochen, dass alles anders werden soll. Wir wollten doch im Urlaub nach Italien fahren, nicht mehr auf jeden Pfennig achten müssen, in der Wohnung bei meinen Eltern haben wir doch alles und wenn du nicht immer jedes Wort meiner Mutter auf die Goldwaage legen würdest, hätten wir ein schönes Leben."

Ihre Argumente kamen zu spät. Ich hatte das Haus schon gekauft, um endlich eine Perspektive zu haben, nicht einmal mit meinen Eltern hatte ich mich vorher besprochen.

Nur mit meinem Fluss teilte ich am Abend nach dem Notartermin meine Freude. Und er hörte mir wie immer gleichmäßig gurgelnd zu.

Mein Optimismus kannte diesmal keine Grenzen. Ich, der sonst immer vorsichtig abwägend handelte, der eher vom Misslingen als vom Gelingen einer Sache überzeugt war, ich war sicher, in dieser Situation genau das Richtige zu tun. Und Susanne würde ich auch noch überzeugen.

Dass Susanne mir dann meine Sachen vor die Türe unserer Wohnung stellte, als ich ihr zeigen wollte, wie schön die Kinderzimmer geworden waren, versetzte mir einen großen Schrecken. Und als ich am nächsten Tag den Brief eines Anwalts in die Türe geklemmt fand, in dem sie mir mitteilte, sie wolle die Scheidung, spürte ich, wie sich vor mir ein Abgrund auftat.

Einige Tage, die sich wie Monate anfühlten, war ich unfähig etwas zu tun. Einmal hatte ich das Richtige tun wollen und genau das Falsche getan.

Verbissen zwang ich mich jeden Tag selbst, weiterzumachen. Mit Besen, Schaufel und Schmutzkübel bewaffnet, zog ich von Raum zu Raum. Mit Ziegelsteinen, Mörtel und Speiskelle begann ich anstelle des alten Backofens einen offenen Kamin zu bauen. Das alte Rohr war bis zum Dachboden verrußt und die von mir erworbenen Ersatzteile wollten und wollten nicht passen. Das Streichen der Fenster fiel mir leichter, weil ich den Vater oft dabei beobachtet hatte. Beim Tapezieren half mir die Mutter, sie konnte das so perfekt, als hätte sie nie etwas anderes gemacht. Dabei versuchte sie mich zu trösten, „Sei nicht traurig, weil deine Frau nicht mit dir in dieses Haus ziehen will. Ich habe es dir immer gesagt, sie ist eine von den Schicksen, die versuchen, die Männer herumzukriegen, um dann ein sorgloses Leben führen zu können. Vielleicht findest du irgendwann eine anständige Frau, dann geht es auch wieder aufwärts."

Wutentbrannt nahm ich meiner Mutter die eingekleisterte Tapete ab und schrie, sie solle endlich aufhören, ihr Gift zu verspritzen, sie habe unserer Ehe schon genug geschadet. Wahrscheinlich wäre es das Beste gewesen, mit meiner Familie in eine andere Stadt zu ziehen, weit weg von Eltern und Schwiegereltern.

„Susanne hat etwas Besseres verdient als mich, den Versager, zu dem du und Vater mich gemacht habt", schrie ich ihr nach.

Dann war ich endgültig allein. Nach einem Besuch bei meinem Freund, dem Fluss, dessen gleichmäßiges Rauschen alles übertönte, begab ich mich schweren Herzens wieder an die Arbeit.

Das Streichen der Treppe und verlegen der Teppichböden übernahm ein Arbeitskollege, dessen Auto ich gerade neu lackierte. Die Vorhänge übernahm Rita, eine Freundin aus dem gemischten Chor, eine der wenigen Menschen, die mir nach der inoffiziellen Trennung die Treue hielten. Das ersteigerte Los für eine bestimmte Menge Holz aus dem Wald begann ich zu Sägen und Zerkleinern, was mir half meine Aggressionen und meine Hilflosigkeit in etwas geordnete Bahnen zu lenken.

Der brausende Herbstwind begann schon die ersten Blätter von den Bäumen zu jagen, als ich in dem, wie ich fand, gut gelungenen offenen Kamin, voller freudiger Erwartung das erste Feuer anzündete. Sofort quollen dicke Rauchschwaden durch mein neu gestrichenes Wohnzimmer. So hatte ich mir den ersten Abend am offenen Feuer nicht vorgestellt. Allein, vor einer halbvollen Flasche Rotwein sitzend, eingehüllt in beißenden Rauch, frierend, weil ich die Fenster des Rauches wegen weit öffnen musste. Dicke Tränen liefen mir übers Gesicht, vielleicht der Einsamkeit oder des Rauches wegen, aber auch vielleicht beides.

Das mit dem Rauch sei normal, erklärte mir ein Arbeitskollege, der offensichtlich über mehr Erfahrung verfügte, am nächsten Tag.

Schnell fließend, es hatte in der Nacht stark geregnet, hörte sich mein Freund der Fluss, meine geflüsterte Klagen über das Misslingen des Feuers und meinen gescheiterten Versuch, mit meiner Familie einen Neuanfang zu wagen, an.

Susanne ließ mir durch den Anwalt mitteilen, dass sie jeglichen Kontakt ablehne. Die Kinder könnten mich so leichter vergessen, was sicher zu ihrem Besten sei. Mir zog es den Boden unter den Füßen weg, als ich den Brief las. Mein Vater hatte Recht, ich verlor meine Familie, ohne jemals ein eigenes, ungestörtes Familienleben erlebt zu haben.

Ich höre Vaters Worte: „Paul, du musst etwas tun, Paul, du musst dich mehr bemühen."

Schon in der Schule, bei den Hausaufgaben mahnte der Vater: „Wenn du zwei Zeilen scheiben musst, dann schreibe drei, das zeigt deine Bereitschaft zum Fleiß."

Und ich dachte so für mich, wenn ich zwei Zeilen schreiben muss, dann schreibe ich auch nur zwei, dem Vater ist es eh nie genug, wozu sich dann auch noch anstrengen?

Und jetzt? All mein guter Wille, mein Bemühen um ein schönes Zuhause für uns, meine Ideen, mein Traum sind in der Unendlichkeit des weiten Himmels verschwunden und vom rasch fließenden Wasser fortgespült.

Verbissen nahm ich meine Arbeit als Anstreicher und Installateur wieder auf, legte neue Kabel durch das Haus, setzte eine neue Badewanne ein und baute aus verschiedenen Schränkchen, einem günstig erworbenem Kühlschrank und einem Herd mit Backofen, die Küche auf. Weiter zimmerte ich eine feste Arbeitsfläche aus einem Abfallstück einer Möbelschreinerei und war selbst erstaunt, wie gut mir alles gelang. Nur mit dem Kochen tat ich mir schwer. Aber warmes Essen bot die Kantine in dem großen Verwaltungsgebäude, was ich, wenn mein Geld reichte, gerne annahm. Beim Essen wurde natürlich auch viel Klatsch erzählt. Um diesem keine Nahrung zu liefern, hielt ich mich von allem fern und zog mich immer in die äußersten Ecke des Speiseraums zurück.

Einmal, beim Mittagessen in der Kantine, ich war ganz vertieft in meine Suppe, fiel ein leichter Schatten auf meinen Teller. Vor mir stand mein Vater. Noch nie hatte er mich an meinem Arbeitsplatz besucht. Unsicher und bedrückt schaute er sich um. Sein trauriges Gesicht und der schwere Atem ließen mich aufhorchen.

„Darf ich mich zu dir setzen?"

Ich war völlig überrascht. So kannte ich den Vater gar nicht. Mühsam nahm er Platz. Ein mulmiges Gefühl beschlich mich.

Ich sah die Eltern in der letzten Zeit eher selten. Ich wollte Abstand gewinnen, endlich selbst entscheiden, um nicht immer hören zu müssen: „Paul das geht doch nicht, Paul, das wird doch nichts, Paul schafft das nicht." Und immer so weiter.

Nun saß mein Vater hier und schaute mich völlig verzweifelt an.

Stockend begann er zu berichten. Er habe sich lange überlegt, ob er mich mit seinen Sorgen belästigen dürfe. Schließlich wisse er, dass ich selbst große Probleme zu bewältigen hätte. Aber er habe sonst keinen Menschen, dem er sich anvertrauen könne. Er komme gerade vom Familiengericht und sei völlig verzweifelt. Mit heiserer Stimme sprach er weiter.

Die Mutter sei keine schlechte Frau, so betonte er mehrere Male, sie habe mit ihren Eltern und Geschwistern viel durchmachen müssen und auch die Zeit, in der er im Krieg und in Gefangenschaft gewesen sei, und sie ganz alleine für die Familie sorgen musste, sei sehr, sehr schwer gewesen. Dazu das Hin- und Hergerissensein zwischen der Treue zu ihrem Vater und ihm als Ehemann, habe sie sicher zusätzlich unendlich viel Kraft gekostet.

Er habe immer versucht, sie zu verstehen, zu ihr gehalten, aber jetzt gehe sie einfach zu weit. Er habe heute beim Familiengericht erscheinen müssen. Die Mutter habe ihn wegen Vergewaltigung angezeigt. Dabei seien körperliche Berührungen zwischen ihnen schon lange eingeschlafen. Außerdem sei sie schon immer, ohne Grund natürlich, sehr eifersüchtig gewesen. In den letzten Jahren sei das aber immer schlimmer geworden. So eine Anschuldigung sei ungeheuerlich, schließlich seien sie schon viele Jahre miteinander verheiratet und er habe ihr nie Gewalt angetan.

Ein scheußliches Gefühl beschlich mich. Ich wollte nichts vom Eheleben meiner Eltern hören, wollte mir gar nicht vorstellen, wie die Eltern miteinander lebten.

Ohne auf mich zu achten, berichtete der Vater im vertraulichem Ton weiter, der Richter habe den Anschuldigungen der Mutter geglaubt und ihm verboten, weiterhin im Haus zu wohnen, und wie er, Paul, ja wisse, stünde das gemeinsame Haus nur auf ihrem Namen, weil ihr Vater, mein Großvater, das so bestimmt habe.

Er habe schon länger bemerkt, dass die Mutter Vorkommnisse missverstehe oder Dinge durcheinander bringe. Aber der Richter habe ihn gar nicht zu Wort kommen lassen, sondern erklärt, alle gewalttätigen Ehemänner seien vor Gericht immer unschuldig.

Dabei liefen dicke Tränen über Vaters Gesicht. Ich hatte den Vater noch nie weinen gesehen.

„Paul", bat er mich mit tränenerstickter Stimme und sah mich dabei mit eindringlichem Blick an, „Paul, bitte sprich mit deiner Mutter, dir glaubt sie, auf dich hört sie. In wenigen Wochen werde ich fünfundsechzig Jahre alt. Wo soll ich denn hin? Wir wollten doch meinen Geburtstag mit der ganzen Familie feiern, und nun bin ich obdachlos. Paul, ich hab es doch immer gut gemeint mit dir, hab immer versucht dir ein guter Vater zu sein, Paul, bitte hilf mir."

Ich spürte, wie Scham in mir hochkroch und fühlte ein hässliches, lautes Pochen in meinem Kopf. Ich empfand kein Mitleid. Mich ekelte sein Geständnis, seine Hilflosigkeit. Sollte er doch auch einmal spüren, wie es war, der Missverstandene, der Verlierer zu sein.

Der starke Vater, der alles besser zu wissen schien, dem ich es nie rechtmachen konnte, der bei all meinen Aktivitäten, schon bevor ich begann, das Misslingen voraussah, dieser Vater kam zu mir und wollte, dass ausgerechnet ich ihm half, mit der Mutter zurechtzukommen. Nein, nein und nochmals nein, ich hatte meine eigenen Probleme, wusste selbst nicht, wie es weiter gehen sollte mit mir und meiner Familie. Immer wusste der Vater alles besser, immer zwang mich die Mutter, alles vor dem Vater zu verbergen, zu verstecken. Sollten sie doch sehen, wie sie mit ihren Problemen alleine fertig wurden, ich konnte und wollte ihnen nicht helfen.

Mein Freund der Fluss gurgelte am Abend eintönig und schien mir zuzustimmen.

Eine Woche war seit dem Besuch des Vaters vergangen. Auf meinem Hof standen einige reparaturbedürftige Autos.

Mit dem Erlös der Reparaturen könnte ich endlich das Material für die Treppe ins Obergeschoss meines Hauses erwerben.

Die Eltern hatte ich nicht besucht, warum auch, sie wussten eh immer alles besser. Ich hatte mit mir zu tun und auch keine Zeit.

Plötzlich standen am späten Vormittag zwei Polizisten vor meinem Schreibtisch im Büro. Ich müsse sofort mitkommen, Mutter vermisse den Vater schon seit vier Tagen und heute habe sie endlich die Polizei um Hilfe gebeten. Meine Kollegen schauten neugierig, und nichts Böses ahnend folgte ich den Gesetzeshütern.

Auf dem Weg berichtete der ältere Polizist, die Mutter habe inzwischen mit der Polizei den ganzen Weinberg abgesucht, aber keine Spur vom Vater entdeckt. Mit mir gemeinsam begannen die Polizisten jetzt das Haus zu durchsuchen. In der Wohnung der Eltern war alles wie immer. Seit Susanne und ich ausgezogen waren, war die Einliegerwohnung verschlossen.

Beim Aufsperren kam uns schon ein unangenehmer Geruch entgegen.

Eiseskälte kroch in mir hoch, ein Zittern durchlief meinen Körper, Schweiß brach mir aus allen Poren, ich wollte mich am Türrahmen festhalten, aber ich war unfähig mich zu bewegen.

Vater … Ein Schrei drang aus meiner Kehle …

Vater hing, schlaff nach hinten gebeugt, in unserem alten Drehsessel. Augen und Mund weit geöffnet, blickte er mich an und durch mich hindurch. Er musste schon eine Weile tot sein, die Leichenstarre war längst gewichen und eine hässliche Pfütze sammelte sich unter seinen Schuhen. Auf dem Boden lag der Militärrevolver, den Vater aus dem Krieg mitgebracht hatte und der immer ganz wohlverwahrt in einem verschlossenen Koffer auf dem Schrank im Schlafzimmer der Eltern eingewickelt gelegen hatte. Der Vater hatte ihn mir einmal gezeigt, um ihn dann schnell wieder wegzuräumen.

Die Mutter begann zu schreien und den Vater zu beschimpfen. Wie konnte er es wagen, sie so zu erschrecken, sich zu verstecken, sie alleine zu lassen, ihr das anzutun, ihr nicht Bescheid zu geben …

Ich war wie erstarrt. Mein Vater, der Starke, der Kluge, der immer wusste, was zu tun war, der immer Recht hatte, dieser Vater saß da, leblos, still, tot, schutzlos den fremden Augen preisgegeben …

Der Vater hatte mich um Hilfe gebeten. Wie schwer musste es für ihn gewesen sein, sich an mich zu wenden, ausgerechnet mich um Hilfe zu bitten, von mir etwas zu erwarten, was ihm selbst nicht mehr gelingen wollte.

Und ich, ich hatte wieder einmal versagt, so wie er es mir immer vorhersagte, hatte nur an mich gedacht, die Not des Vaters nicht wirklich wahrgenommen, nicht begriffen, nicht ernstgenommen. Und jetzt hatte er keinen Ausweg mehr gesehen, hatte niemanden gefunden, der ihm hätte helfen können.

Ich konnte doch nicht wissen, dass seine Schwierigkeiten so groß waren, dass er auch schwach war, sich nicht mehr selbst zu helfen wusste.

Und die Mutter, warum hatte sie ihn aus dem Haus vertreiben wollen, nach all dem harten Leben, dem Krieg mit all seinen Schrecken und Verlusten, warum?

Rasch wurde festgestellt, dass der Vater einem Schuss in die Brust erlegen war. Der Schuss war aus geringer Distanz abgefeuert worden, direkt aufgesetzt, wie die Polizisten betonten. Es wurde aber auch festgestellt, dass es zwei Möglichkeiten für die Abgabe des tödlichen Treffers gab. Zum einen könne der Vater selbst Hand an sich gelegt haben, es könne aber auch eine andere Person gewesen sein.

Ohne zu Zögern nahmen die eingetroffenen Kriminalbeamten die Mutter fest und brachten sie auf die Wache.

Und ich fiel in ein schwarzes Loch. Vom Dienst freigestellt saß ich stundenlang am Fenster des elterlichen Wohnzimmers, starrte hinaus und sah doch nichts.

Da dem Gericht eine Verfügung vorlag, dass der Vater im Falle seines Ablebens seinen Körper der Pathologie zur Verfügung stellen wolle, konnte ich ihn auch nach erfolgter Obduktion nicht begraben.

Tagelang lief ich umher, nicht wissend, was ich tat, was ich denken sollte, wie es weitergehen sollte. Maria war so weit weg, ich war ganz alleine. Als ich meiner Schwester von dem Unglück berichtete, sagte sie verwundert, sie habe so etwas schon lange erwartet. Die Mutter habe ihr schon bei ihrem letzten Besuch in Amerika die unüberwindlichen Probleme mit dem Vater mitgeteilt. Der Vater renne jedem Rockzipfel nach, er wolle sich jetzt als Rentner nochmals ein neues Auto zulegen, er wolle Ausflüge machen und das ganze, sauer verdiente und gesparte Geld zum Fenster hinauswerfen. Dabei gehöre ihm nichts, er sei ein Fremder, der sich eingeschlichen habe und ihr jetzt im Alter das Leben schwer machen wolle.

Maria berichtete weiter, sie habe immer wieder den Eindruck gewonnen, dass die Mutter manchmal nicht mehr sie selbst war, ja dass sie bisweilen vollkommen die Orientierung verlor.

Auf meine verständliche Nachfrage, warum sie, als meine Schwester, mir nicht schon früher von den Veränderungen am Verhalten der Mutter, von ihrem Verdacht, da stimme etwas nicht, berichtet habe, lachte Maria nervös und gestand mir, sie habe ein schlechtes Gewissen, weil sie mich mit den Eltern allein gelassen habe, und deshalb nichts gesagt. Außerdem habe sie die Mutter nur zwei Wochen in Amerika erlebt, Vater und ich sähen sie doch das ganze Jahr. Uns hätte dann ja schon viel früher etwas an ihrem Verhalten auffallen müssen.

Mir war aber nichts aufgefallen, die Mutter war wie immer gewesen und ich hatte andere Probleme.

Dann kam Mutter wieder nach Hause. Es könne nicht einwandfrei nachgewiesen werden, ob der Vater sich selbst erschossen oder ob die Mutter den tödlichen Schuss ausgeführt habe. Die Untersuchung der beteiligten Personen auf Schmauchspuren wurde erst einige Jahre später zur Routine bei der Polizei. Der älteste Sohn von Ernst, Mutters im Krieg vermisster Bruder, war inzwischen Kommissar bei der Kripo. Er hatte sich offensichtlich sehr für meine Mutter eingesetzt, er wiederholte immer wieder, er traue so eine Tat seiner Tante, meiner Mutter, nicht zu.

Zwei Jahre später erhielten wir vom Anatomischen Institut die Nachricht, es gebe eine Sammelbestattung für die Überreste der Menschen, die sich dem Institut zu Lehrzwecken verschrieben hatten. Wir seien eingeladen, an dieser stillen Feier teilzunehmen. Blumen und Kränze seien unerwünscht. Da ich immer noch wie betäubt war, weil ich meinen Vater nicht einmal richtig beerdigen konnte, besorgte ich trotzdem einen schönen Kranz mit seinen Lieblingsblumen, den Margeriten. Stumm standen wir an der offenen Stelle am Friedhof, in der die Urne mit den eingeäscherten Überresten unserer Angehörigen begraben werden sollte.

Eine Tafel kennzeichnete die ausgehobene Grube als Ehrengrab für die Wissenschaft und der für später vorgesehene Grabschmuck säumte bereits den Weg. Als die Mutter meinen Kranz mit den Margeriten sah, begann sie hysterisch zu lachen und mich und Vater als dumme Holzköpfe zu beschimpfen, die nichts begriffen hätten. Voller Scham und tieftraurig verließ ich den Friedhof.

Von Susanne und den Kindern hörte ich in dieser ganzen furchbaren Zeit nichts. Es war so, als hätte es sie nie gegeben.

Am Abend dieses schrecklichen Tages begann es zu regnen, und es kam mir vor, als ob der Himmel und mein Freund, der Fluss, an dem ich kauerte, mit mir weinten.

Monate vergingen. Manchmal meldete ich mich für einen Tag krank, um meine Kinder, von ihnen unbeobachtet, auf dem Schulweg oder in den Pausen sehen zu können. Auf Betreiben meiner inzwischen geschiedenen Frau hatte ich kein Umgangsrecht mehr.

Wieder einmal kam der Frühling mit seinen weichen, hellen Tönen, der üppig blühenden Hecke in meinem kleinen Garten, dem Duft der Veilchen und dem säuselnden, vielversprechenden Wind. Die Einsamkeit packte mich wie ein hungriger Wolf nach einem langen Winter und so begab ich mich eines Abends in einen der Tanzschuppen, die ich aus Erzählungen von Kollegen kannte. Ich war ein guter Tänzer und so verging der Abend wie im Fluge.

Bald schon erlaubte ich mir den Luxus, freitags oder samstags auszugehen, mich aber aus Sparsamkeitsgründen mit einem Getränk zu begnügen, und mich wieder am Zusammensein mit anderen Menschen, an gemeinsamen Gesprächen, vornehmlich natürlich mit Frauen, zu freuen.

An einem Abend, an dem ich mich sehr spät entschloss, doch noch aus zu gehen, traf ich auf Elly.

Als ich Elly nach längerem Zögern meiner Mutter vorstellte, begrüßte sie sie formvollendet, ganz ohne den ihr sonst leicht von den Lippen kommenden Spott, mit dem sie gelegentliche Versuche meinerseits wieder ein weibliches Wesen in meiner Nähe haben zu wollen, gleich im Keim erstickte. Sie bot ihr Kaffee an und begann sofort in allen Schubladen nach Filtertüten zu suchen. Elly schaute ihr wenige Augenblicke zu, strahlte meine Mutter mit ihrem wissenden Lächeln an: „Darf ich Ihnen ein bisschen helfen?"

Erleichtert nahm meine etwas nervös gewordene Mutter Ellys Angebot an: „Das ist aber sehr nett von Ihnen."

Von diesem Moment an konnte Elly gar nichts falsch machen, meine Mutter hatte sie unumstößlich in ihr Herz geschlossen.

Erst viel später begriff ich auch, warum.

Dunkle, prall gefüllte Regenwolken hängen satt am Himmel. Das Wasser meines Freundes ist von jenem undurchdringlichen tiefen Grau, das die Stimmung der Natur im November widerspiegelt. An meinem Lieblingsplatz sammelt

sich bereits das überquellende Nass. Es umspült mit der ganzen Kraft der Strömung meine Beine, füllt meine Schuhe und für Augenblicke überfällt mich der Gedanke, mich einfach mitreißen zu lassen, mich nicht mehr festzuhalten an einem Dasein, das trotz aller Anstrengung nicht gelingen will. Immer wenn ich denke, es zu schaffen, entpuppt sich der eben noch fest in meiner Hand liegende, starke Ast als kläglicher Strohhalm.
Elly, Elly wo bist du?
Ein leichter Wind umspielt mich und für einen Moment blitzen einige milchig weiße Sonnenstrahlen durch den regenverhangenen Himmel. Ohne ein Wort an meinen Freund gerichtet zu haben, mache ich mich auf den Heimweg.

Von Ferne klingt ein längst vergessen geglaubtes Kinderlied an mein Ohr. „*Wenn ich ein Vöglein wär und hätt zwei Flügelein, flög ich zu dir.*"

Ein kleines Mädchen mit lustigen Ringelstrümpfen, einem bunten Kleidchen und einem Strohhut mit blauem Band geht leichtfüßig, hüpfend und singend an der Hand seiner Mutter an mir vorüber. Ein bisschen wehmütig schaue ich dem fröhlichen Kind nach.

Es erinnert mich an ein kleines blondes Geschöpf, Christa. An meinem ersten Tag in der Schule, ich konnte die Hand meiner Mutter nicht loslassen, weil mir eine unbekannte Angst die Kehle zuschnürte, kam Christa auf mich zu. Ihr Gesicht umrahmten wunderschöne blonde Löckchen, sie strahlte mich an, nahm meine Hand aus der Hand meiner Mutter, führte mich zu der kleinen Bank und schob mich auf den leeren Platz neben sich.

Dabei hatte ich längst ein anderes, blondes, bis heute unvergessenes Mädchen an meiner Seite, Maria, meine drei Jahre ältere Schwester. Und obwohl sie mich oft als störend empfand, besonders bei ihren ersten Bekanntschaften mit jungen Burschen, liebte ich sie abgöttisch und bis heute – sie ist vor einigen Jahren verstorben –, hat sich daran nichts geändert. Natürlich hat sie sich in meinen Träumen zu einem Ideal entwickelt, das, so sehe ich das heute, nicht mehr viel mit der echten Maria gemeinsam hat.

Als ich die Nachricht von ihrem Tod erhielt, saß ich auch lange Zeit hier am Fluss und schaute ins Wasser. Eine braungefiederte Feldlerche flog aus dem nahen Weidengebüsch auf und verschwand tirilierend als winziger Punkt im tiefblauen Himmel. Ob das ihre Seele sein konnte? Bestimmt versuchte sie mir so Lebewohl zu sagen.

Im Sommer lagen wir Kinder oft im hohen Gras, die Hände hinter dem Kopf verschränkt und schauten mit halb geöffneten Augenlidern in die Sonne, spürten den warmen Wind, wie er über unsere Gesichter streichelte, sahen den Vögeln zu, wie sie in den unendlich scheinenden Himmel aufstiegen und überlegten, was sie sich im Flug wohl erzählten.

Maria verkörperte für mich alles Positive, sie war mein Vorbild im schnell erwachsen werden wollen, Trösterin, wenn ich etwas nicht konnte oder wollte, sie war schön und klug, sie hatte eine klangvolle Stimme und konnte wunderbar Geschichten erzählen und vorlesen. Das Märchen *Brüderchen und Schwesterchen*, das sie mir unendlich oft mit ihrer weichen Stimme vorlas, hat sich unauslöschlich in meine Erinnerung eingegraben.

Sie schälte mir Äpfel und schnitt sie in kleine Stückchen, versteckte meine Hosen, wenn ich sie wieder einmal zerrissen hatte, kühlte mein Bein, wenn ich mich gestoßen hatte, sie log für mich, wenn ich aus dem Honigglas genascht hatte und tröstete mich, wenn der Vater wieder einmal polternd schimpfte: „Aus dem Jungen kann ja nichts werden, ihr verzärtelt ihn, du und deine Mutter, wo soll das enden?"

Mit Maria durfte ich zum Schlitten fahren, sie trug mich auf dem Rücken heim, wenn ich meine Beine nur noch als Eisklumpen empfand und packte mich eilig in eine warme Decke. Sie kochte Tee für mich und machte mir warme Umschläge, wenn ich über Bauchschmerzen klagte.

Einmal durften wir mit der Eisenbahn zu unserer Großmutter, der Mutter unseres Vaters, fahren. Unsere Mutter hatte uns einen kleinen Rucksack mit Proviant eingepackt. Ungeschickt wie ich war, setzte ich mich versehentlich auf den Rucksack. Fürsorglich befreite Maria die gekochten Eier aus ihrer zersplitterten Schale und versprach mir, zu Hause nichts von meinem Missgeschick zu erzählen. Manchmal träume ich heute noch von unserer Fahrt mit der pfeifenden Dampflokomotive.

Meine Schwester stellte sich vor mich, wenn mein Zeugnis nicht so gut ausgefallen war und versicherte den Eltern, ich könne nichts dafür, die Lehrer könnten mich nur nicht leiden. Sie brachte mir das Schreiben und Lesen bei, obwohl ich mich sehr ungeschickt anstellte, und übte mit mir das kleine und große Einmaleins. Maria stritt mit den Eltern, wenn sie sich beklagten, ich sei unkonzentriert und bequem, und verkündete, schulische Leistungen seien keinesfalls eine Garantie für ein späteres glückliches Leben, was für die damalige Zeit ein revolutionärer Gedanke war.

Dann, als sie sich mit den ersten Burschen traf, wurde ich als Aufpasser mitgeschickt. Und ich war eifersüchtig. Das gefiel Maria weniger und sie begann mich oft auszuschimpfen oder mich bei den Eltern anzuschwärzen. Das machte mir nichts aus, ich konnte mir einfach nicht vorstellen, sie nicht mehr alleine für mich zu haben.

Maria hatte viele Freundinnen, das waren ganz junge Frauen, noch nicht volljährig, die mit amerikanischen Soldaten verheiratet waren und meist auch schon ein oder zwei Kinder hatten. Wenn sie von einem Urlaub mit ihren Männern aus deren Heimat zurückkamen, schwärmten sie von der großen Freiheit in dem für sie unendlichen Amerika. Hingebungsvoll lauschte meine Schwester den Erzählungen, dabei schaute sie ganz verträumt und ihre Augen glänzten, wie sonst nur am Weihnachtsabend.

Unsere Eltern stritten sich oft. Heute verstehe ich auch warum. Der Vater, ein Einzelkind, kam aus einem Beamtenhaushalt, unsere Mutter war die Älteste von acht Kindern. Obwohl ihr Vater Lokomotivführer war, reichte das Essen nie, um alle Mäuler zu stopfen, wie unsere Mutter oft erzählte.

So wurden Ziegen und Hasen gefüttert, ein großer Garten bewirtschaftet und alle arbeiteten fast das ganze Jahr im Weinberg mit. Die Reben waren Großvaters ganzer Stolz. Unkraut jäten und das Reisig aufklauben nach dem Beschneiden der Reben, gehörte auch noch zu meinen Pflichten, wenn meine Schulkameraden am Nachmittag längst Fußball spielten. Die Weinlese im Herbst gestaltete sich immer wie ein Fest, obwohl es für uns schwere Arbeit bedeutete.

Einmal hörte ich meinen Vater, als er sich mit unserer Mutter alleine glaubte, klagen: „Das ist doch eine elende Schinderei, wenn ich zu bestimmen hätte, pflügte ich den Weinberg um, und wir könnten Obstbäume pflanzen, die wachsen von alleine und man braucht im Herbst nur zu ernten."

Aber der Großvater überwachte alles mit großer Strenge. Und unsere Mutter war ihrem Vater treu ergeben. Sie tat alles, was er meist stillschweigend erwartete. Seit dem Tod seiner Frau, unserer Großmutter, gab es sonst niemanden in der Familie, der sich so fürsorglich um ihn kümmerte. Für unsere Mutter war Gehorsam zu den Eltern ein unumstößliches Gebot. Sie unterstützte ihre Mutter im Haushalt, half ihr die rasch nacheinander geborenen Geschwister zu versorgen und zu erziehen, wusch die Unmengen von Wäsche, besorgte den großen Garten und die Tiere, bügelte ihrem Vater die Hemden, damit er sauber und gepflegt zum Dienst gehen konnte.

Als die Geschwister größer wurden, es waren sechs Brüder und eine Schwester, hatten sich alle an die Rundumversorgung durch die große Schwester gewöhnt. Ich erinnere mich, dass meine Mutter für manche ihrer Geschwister noch die Schuhe putzte, als diese längst erwachsen waren.

Als ich geboren werden sollte, lag, wie man mir erzählte, unsere Großmutter im Sterben. Obwohl die Wehen schon in kurzen Abständen kamen, konnte und wollte meine Mutter ihre Mutter in dieser letzten Stunde nicht alleine lassen. So saß sie, sich selbst krümmend vor Schmerzen, am Bett ihrer Mutter, kühlte der Sterbenden die vom Todesschweiß bedeckte Stirne, hielt ihre Hand und betete laut den schmerzhaften Rosenkranz.

Mutters Bruder Gustav verbrachte gerade einige Tage seines Fronturlaubs bei uns. Er hatte längst einen Mietwagen bestellt, um meine

Mutter ins Krankenhaus zu bringen. Dann, als die Großmutter ihre Augen für immer schloss, erblickte ich im Auto auf dem Weg ins Krankenhaus das Licht der Welt und wurde, weil nichts anderes zur Hand war, in Mutters Unterhose gewickelt, wie mir mein Patenonkel immer wieder erzählte. Vater sei noch im Krieg gewesen und Maria habe auf dem Schoß des Großvaters gesessen, der das Sterbezimmer seiner Frau nicht betreten durfte, wie uns unsere Mutter später berichtete. Warum das so war, wurde in der Familie nicht thematisiert.

Einmal, ich war schon einige Zeit verheiratet, berichtete mir mein Onkel, während ich sein Auto neu lackierte, in einem vertraulichen Gespräch: „Du weißt, dass wir viele Kinder waren. Schon als Junge dachte ich ‚Schon wieder ein Quälgeist', wenn die Hebamme zu uns kam. Meine Mutter, deine Großmutter, war immer müde, die Kleinen weinten oder wimmerten oft die ganze Nacht und selten zeigte sich ein Lächeln auf Mutters Gesicht. Dann wurde Franz geboren. Er war ein ganz ruhiges Kind, sodass die Mutter oft betonte, wenn all ihre Kinder so brav gewesen wären, hätten es ruhig noch mehr sein können. Als Franz zwei Jahre alt war, inzwischen wurde kein weiteres Kind geboren, geschah etwas Schreckliches."

Meinem Onkel liefen beim Sprechen dicke Tränen übers Gesicht.

„Bei uns wurde nie darüber gesprochen. Es war im Frühling, der Flieder hatte Tage zuvor zu blühen begonnen. Vater war vom Nachtdienst heimgekommen, hatte sich die schweren Stiefel und die Uniform ausgezogen und zog sich gerade eine bequeme Jacke über, als die Mutter mit dem kleinen Franz auf dem Arm in die Küche kam."

Onkel Gustav ließ sich stumm auf dem alten Hocker, der in meiner Scheune stand nieder, räusperte sich lautstark, um seine Stimme wieder zu finden: „Freudig nahm der Vater den strahlenden Kleinen auf den Arm, hob ihn mit viel Schwung hoch, der Kleine jubelte, dabei berührte der Kopf des Kindes in der niedrigen Küche die Decke, das Jubeln verwandelte sich kurz in ein Ächzen und brach mit einem lauten Seufzer ab. Augenblicklich hing das Kind leblos in Vaters Armen. Voll Entsetzen starrten wir alle, die das Kommen des Vaters gehört hatten und auch in die Küche gekommen waren, auf das hilflose Bündel. Die Mutter begann gellend zu schreien, nahm das Kind in den Arm und rannte in die Schlafstube. Der Vater eilte wortlos hinaus, schwang sich auf sein Fahrrad und holte Doktor Maurer. Wir wagten uns nicht in die Schlafkammer der Eltern, in der es jetzt merkwürdig still war. Der Vater saß zusammengesunken in der Küche, der Doktor stand neben ihm und wiederholte immer wieder: ‚Das ist nicht deine Schuld, es ist ein schrecklicher Unfall.'"

Mit einer, über viele Jahre in sich getragenen Traurigkeit schaute der Onkel in die Ferne, bevor er weitersprach: „Noch vor der gespenstischen Beerdigung wurde mein Vater aus der ehelichen Schlafkammer verbannt und musste bis zum Tod meiner Mutter in der kleinen Stube schlafen. Unsere Eltern sprachen nie wieder ein Wort miteinander. Es muss für beide der Inbegriff der Hölle gewesen sein."

Nach einer Weile murmelte er: „Heute ist der Sterbetag meines Brüderchens." Wieder seufzte Onkel Gustav, putzte lautstark seine riesige Nase und schaute in den inzwischen verhangenen Himmel.

„Rosalie, deine Mutter, versah den Haushalt und unsere Mutter zog sich immer mehr zurück. Nur einmal noch sah ich, wie sie den Vater mit ihrem ganzen Schmerz im Gesicht ansah. Ein Bote war gekommen und brachte einen offiziellen Brief. Ernst, mein zweitältester Bruder, seit Wochen in Stalingrad eingesetzt, war vermisst."

Nach einer Weile des Schweigens erhob sich Onkel Gustav schwerfällig, stapfte durch meinen Hof und rief mir dann zu: „Du hast heute wohl gar nichts zu trinken für mich?"

Eilig ließ ich mein Werkzeug los und brachte dem gramgebeugten Onkel einen Krug von meinem selbst gekelterten Most.

Als die Abendglocke läutete, fuhr ich mit ihm zu meinem Platz am Fluss und erzählte ihm, wie tröstlich das Rauschen des Wassers für mich sei und dass es ihm sicherlich auch gut tun werde.

Einmal erzählte mir Maria, als die Eltern sich wie so oft sehr gestritten hatten und wir uns im Garten deshalb versteckten, sie könne die Strenge und die Enge in unserem Haus nicht mehr ertragen, sie ginge am liebsten nach Amerika. Und weil eine eiserne Hand nach mir griff, bei dem Gedanken, meine Schwester könne mich verlassen, hatte ich nichts Eiligeres zu tun, als alles unserer Mutter zu berichten.

Es gab unendlich viele Diskussionen, die meist im großen Streit und Geschimpfe endeten. Die Eltern wiederholten immer wieder, Maria sei ein undankbares Geschöpf, das sich von unreifen jungen Dingern, wie der Vater ihre Freundinnen zu nennen pflegte, überreden ließe, ihr Zuhause zu verlassen, um in Amerika unter die Räder zu kommen, wie er betonte.

Maria aber war nicht mehr von ihren Plänen abzubringen. Eine ihrer Freundinnen, die mit einem Soldaten verheiratet war und ihr erstes Kind erwartete, wollte mit ihrem Mann zurück in dessen Heimat, damit das Kind bei der Geburt die amerikanische Staatsbürgerschaft bekäme. Barbara, so hieß die Freundin, beschwor Maria, doch mit ihr zu kommen, dann wäre sie nicht so alleine in dem fremden Land. Geschickt beschaffte sie meiner Schwester ein Flugticket und kleidete sie im amerikanischen Einkaufscenter neu ein.

Und so standen wir an einem Frühsommertag am Bahnhof. Die Sonne brannte heiß, kaum ein Windhauch war zu spüren. Im Park vor dem Bahnhofsgebäude blühten die herrlichsten Tulpenmagnolien und aus dem dunklen Grün der Wiese leuchteten unendlich viele Gänseblümchen. Unsere Mutter weinte die ganze Zeit und der Vater ermahnte seine Tochter immer wieder: „Und wenn du nicht zurechtkommst, schreibe sofort, damit wir dir Geld für den Rückflug schicken können."

Barbara und ihr Mann schauten verlegen dem Abschiednehmen zu.

Ich stand etwas abseits und fühlte nur den großen Stein in meiner Brust, der mir jede Möglichkeit zum Atmen nahm. Wenn ich heute an Maria denke, und ich denke oft an sie, packt mich der dumpfe Schmerz von damals ungebrochen, als habe sie mich eben erst verlassen.

Kaum war Maria fort, traf mich die ungeteilte Aufmerksamkeit und Fürsorge der Eltern.

Mein treuer Begleiter führt Hochwasser nach dem langen Regen und seine gurgelnden Laute überspülen meinen Kummer.

Ich muss ungefähr vier Jahre alt gewesen sein, als nachmittags, am Abend käme der Nikolaus, hatte uns die Mutter erzählt, ein fremder Mann in unserer Küchentüre stand. Er stützte sich auf zwei Stöcke, seine Kleider waren zerrissen und strömten einen unangenehmen Geruch aus. Das Gesicht, umrahmt von einem zerzausten Bart, war kaum zu sehen. Nur die Augen blickten ernst und müde. Die Mutter stand wie erstarrt, dann entrang sich ihrem Mund ein Aufschrei: „Wilhelm, Wilhelm bist du das, bist du es wirklich?"

Schnell rannte sie auf den Fremden zu, umarmte ihn ohne Rücksicht auf die Gehhilfen, als wolle sie ihn nie mehr loslassen. Nach einer Weile verkündete sie mit tränenerstickter Stimme: „Kinder, Kinder, das ist euer Vater, er ist heimgekommen zu uns, der Krieg ist vorbei und sie haben ihn freigelassen."

Maria schrie: „Das ist nicht mein Vater, da, ich zeig euch das Bild von meinem Vater. Das hier ist ein fremder Mann, er gehört nicht zu uns." Dabei zog sie ein schon ganz zerknittertes Bild aus ihrer Schürzentasche, das sie immer bei sich trug. Es zeigte einen jungen Mann in Uniform, der freundlich-ernst schaute.

Eilig nahm Mutter Maria das Bild aus der Hand und erklärte uns: „Der Vater hat einen langen Weg hinter sich und schreckliche Dinge erlebt, er war lange nicht zu Hause, außerdem ist er verletzt. Holt schnell einen Küchenstuhl, damit er sich hinsetzen kann, er ist bestimmt müde."

Als die Mutter mich bei der Hand nahm, mich mehr zog, als ich mitgehen wollte und dem Vater erklärte, „Wilhelm, das ist Paul, ich habe dir ja schon von ihm in meinem Brief, den ich dir ins Lazarett geschickt habe, geschrieben", schaute er mich ernst an und sagte nur: „Du bist also Paul. Ich hoffe, du bist ein braver Bursche."

Ich weiß heute nicht mehr, ob ich mich an diese Begebenheiten auch in ihrer Deutlichkeit erinnern kann oder ob sie so oft in der Familie erzählt wurden, dass ich lange Zeit überzeugt war, sie so erlebt zu haben. Eines aber weiß ich genau, Vater erschien mir Zeit seines Lebens immer irgendwie fremd und das, was er von mir erwartete, unerreichbar.

Wir wohnten am Stadtrand von Freiburg. Hier kannte jeder jeden. Der Herr Pfarrer und seine Haushälterin wurden mit „Gelobt sei Jesus Christus" gegrüßt und diese antworteten immer „In Ewigkeit, Amen".

Begegnete man ihnen oder dem Lehrer, der Gemeindeschwester, dem Apotheker oder dem Bürgermeister, so nahm man die Mütze ab, die Hände aus den Taschen, grüßte und lächelte freundlich.

Es war eine große Ehre, morgens um sechs Uhr die Glocke läuten zu dürfen. Bald merkte ich aber, dass es ein bisschen mühsam war, so früh aufstehen zu müssen und so überließ ich die ehrenvolle Aufgabe lieber meinen eifrigen Freunden. Dann versuchte ich mich als Ministrant und lernte mit mäßigem Erfolg die lateinischen Texte, die ein Messdiener im Gottesdienst flüssig sprechen können musste. Aber auch das erschien mir bald zu anstrengend.

Dazu kam, dass ich bei einer Beerdigung das Kreuz tragen durfte. Fünfzig Pfennige wurden mir dafür vom Sohn des Verstorbenen in Aussicht gestellt. Als ich dann während der ganzen Feier mit dem Kreuz am offenen Grab stand, wurde mir beim Gedanken an den Tod speiübel und ich verzichtete auf das leicht verdient geglaubte Geld.

Immer, wenn ich mein Interesse für eine Sache entdeckte und dann aber schnell die Lust daran verlor, rief Vater: „Aus dem Jungen wird nichts, er ist bequem, lernfaul, hat keine Ausdauer und versteckt sich hinter Mutters Rockzipfel."

Die Mutter versuchte mich zu beschützen: „Der Junge ist noch zu klein, zu verspielt, er ist schwächer als andere Jungs in seinem Alter." Und zum Vater gewandt: „Du verlangst zu viel von ihm, Wilhelm, er ist noch ein Kind."

Empört schrie dann der Vater: „Ausreden, lauter Ausreden. Wann soll der Junge das Leben meistern lernen, wenn du ihn immer stützt? Ich befürchte, aus dem wird nichts."

Mit nachdenklich wissenden Augen schaute mich der Vater dann streng an, bis ich zu weinen begann. Sich zur Mutter hin wendend, sagte er: „Jetzt weint er auch noch wie ein Mädchen." Sah wieder mich an und verkündete dann: „Paul, du weißt doch, Burschen weinen nicht."

Mit großer Ausdauer, sich oft wiederholend, erzählte dann der Vater: „Ich war zehn Jahre Ministrant, ich war immer der Erste morgens in der Kirche und habe nie gefehlt. Das Leben ist hart, und wenn Paul das nicht begreift, wird er scheitern."

Und die Mutter beschützte mich. Selbst wenn sie mit dem, was ich gerade getan oder auch nicht getan hatte, nicht einverstanden war und sie sich genötigt sah, mit mir zu schimpfen, geschah das immer mit großem Wohlwollen und einem versteckten „Das ist nicht so schlimm, das wird schon wieder gut".

Der für mich unvergesslichste Satz meiner Mutter, ganz gleichgültig, um welches Problem oder um welchen Sachverhalt es sich handelte, lautete: „Pass auf, dass der Vater nichts davon erfährt, dass der Vater es nicht zu sehen bekommt, dass der Vater nichts bemerkt."

Das galt später auch, wenn mir etwas gut gelungen war, wie die Gesellenprüfung, bei der ich mit einer Auszeichnung belobigt wurde. Oder als ich meinen Führerschein beim ersten Anlauf bestand. Die Mutter versteckte mein Zeugnis ganz unten im Wäschefach und empfahl mir, nicht mit dem erworbenen Führerschein vor dem Vater zu prahlen. Und ich verstand nicht, warum das so war. Zu gerne hätte ich ihm gezeigt, dass ich nicht nur versagte, aber das Wort der Mutter galt mehr als mein Wunsch nach einem kleinen bisschen Anerkennung vom Vater.

Unser Vater war Elektrikermeister und zweiter Chef bei den Stadtwerken. Er war handwerklich sehr geschickt und las viel. Sein großes Vorbild, wie er uns oft erzählte, sei sein eigener Vater. Als Polizeimeister in einem kleinen schwäbischen Städtchen verkörperte er das Gesetz, ja, er war buchstäblich das Gesetz. Mit seiner Pickelhaube, seinem überdimensionalen Bart und seiner untadelig sitzenden Uniform, war er schon rein äußerlich eine imposante Erscheinung. Sein korrekter Lebenswandel sei für ihn auch im Krieg, in sehr schlimmen Situationen immer richtungweisend gewesen, betonte unser Vater bei vielen Gelegenheiten.

„Junge, du musst lesen, lesen bildet."

Der vom Vater oft geäußerten Ermahnung begegnete ich mit trotzigem: „Aber ich lese doch."

„Ja", rief der Vater, „Karl May, lauter Abenteuergeschichten, dabei lernst du nichts fürs Leben. Später wird es dir leid tun, dann ist es zu spät."

Ich verbrachte jede freie Minute mit Karl Mays Winnetou. Ich war hingerissen vom Leben der Indianer und dachte: „Vater hat keine Ahnung von der wunderbaren Blutsbruderschaft zwischen Old Shatterhand und Winnetou." Ich war überzeugt, dass so das Leben sei.

Einmal nahm der Vater mich mit zum Jahrmarkt. In meiner rechten Hand hielt ich krampfhaft das Fünfzig-Pfennig-Stück fest, das mir mein Onkel geschenkt hatte mit den Worten: „Junge, fahr mit der Geisterbahn, das wird dir gefallen."

Es gab unendlich vieles zu bewundern. Die herrlichsten Gerüche stiegen mir in die Nase und ließen mich an ferne Länder, von denen ich in der Schule gehört hatte, denken. Es duftete nach Nelken, Curry, Zimt und Kakaobohnen. An vielen Ständen waren kleine Berge mit gebrannten Mandeln, Zuckerwatte und kandierten Äpfeln aufgebaut. Immer wieder erkundigte sich der Vater, ob ich keine Lust hätte auf all die angebotenen Süßigkeiten. Der wunderbare Duft hüllte mich ein und ich schloss immer wieder meine Augen und fühlte mich in einer fernen Welt. Dann versuchte der Vater mich zu überreden, doch in einem Karussell Platz zu nehmen, eine Karte für die Schiffschaukel zu erstehen oder in die Geisterbahn zu steigen. Ich konnte mich nicht entscheiden, aber eines verstand ich sofort; wenn ich mich auf eine Fahrt einließ, waren die fünfzig Pfennige unwiederbringlich weg. Damit war ich nicht einverstanden.

Und so ging ich am Ende des Nachmittags an der Hand des Vaters dem Ausgang zu, immer noch mein kostbares Geld festhaltend. Da blieb der Vater stehen und erklärte mit schmunzelnd: „Wenn du dein Geld so festhältst, muss ich eben meinen Geldbeutel öffnen." Und er zog mich zum Bratwurststand.

Die ganze Familie hänselte mich von dieser Zeit an immer wieder: „Der Paul möchte alles umsonst haben. Er hält sein Geld ganz fest in der Hand, er ist richtig geizig."

Das stimmte natürlich so nicht, ich wollte nichts umsonst, ich wollte gar nichts, ich wollte einfach mein Geld behalten.

Nur der Vater sagte: „Das gefällt mir, Paul gibt sein Geld nicht aus, er spart es, das ist vernünftig."

Und ich? Ich spürte für einen Augenblick eine tiefe Freude über sein Lob.

Zwei Tage vor dem Heiligen Abend kam der erste Brief von Maria.

Sieben Monate ging die Mutter täglich zum Briefkasten und ihre Stimme klang von Tag zu Tag trauriger. Der Vater versuchte vernünftige Erklärungen für das lange Schweigen der verlorenen Tochter zu finden: „Maria ist doch in einem fremden Land, kann die Sprache nicht, hat keine Arbeit und kein Geld. Sie ist von fremden Leuten abhängig. Sie muss sich erst eingewöhnen. Vielleicht steht sie auch bald wieder vor unserer Türe."

So begann er uns immer wieder zu trösten, ganz gegen seine sonstigen Gewohnheiten.

Feierlich versammelten wir uns um den Küchentisch. Dann öffnete die Mutter den Brief und begann ihn vorzulesen.

Ihr Lieben,

verzeiht, dass ich bis jetzt nichts von mir hören ließ, aber ich wollte euch erst schreiben, wenn ich mich ein bisschen eingewöhnt habe. Der Anfang war schrecklich. Barbaras Eltern, die für mich hier bürgen mussten, sonst wäre ich wieder zurückgeschickt worden, waren keine guten Leute. Zuerst verstand ich nicht, was sie sprachen und dann merkte ich, dass ich ihnen lästig war. Sie hatten erwartet, dass ich ihnen für jeden Tag in ihrem Haus eine Gebühr entrichte. Das konnte ich nicht, weil ich so schnell keine Arbeit fand und mein Geld nur für den Flug reichte.

Barbara hatte mich nicht vor den Erwartungen ihrer Familie gewarnt.

Aber jetzt geht es mir besser.

Seit einer Woche arbeite ich in einem Supermarkt und abends zusätzlich in einer Kaffeebar. Fast alle Leute haben hier zwei Arbeitsstellen, weil ihnen sonst das Geld nicht reicht. Nun habe ich hier auch eine Freundin gefunden. Vor einigen Tagen bin ich zu ihr gezogen und habe jetzt ein sehr schönes Zimmer. Barbara sehe ich nur noch selten. Inzwischen habe ich auch schon ganz gut Englisch gelernt. Zweimal in der Woche besuche ich den Sprachkurs. Da treffe ich viele verschiedene Einwanderer, so wie ich eine bin. Das Essen ist ganz ungewohnt und ich kann auch nicht so viel für Lebensmittel ausgeben. Manchmal sehne ich mich nach Mutters Schweinebraten mit Klößen. Aber viel Zeit habe ich nicht an zu Hause zu denken. Wie geht es meinem Paulchen? Hoffentlich vermisst er mich nicht zu sehr.

Weihnachten wird sicher ein bisschen traurig ohne Euch. Wenn ich am Hl. Abend von der Arbeit komme, schaue ich in den Nachthimmel und schicke Euch ganz liebe Grüße. Und wenn ich Zeit habe, schreibe ich Euch wieder.

Seid herzlich gegrüßt und Euch allen ein schönes Weihnachtsfest. Ich hoffe, der Brief kommt rechtzeitig an.

Eure Maria

Die Mutter schluchzte laut und dem Vater rannen dicke Tränen übers Gesicht. Ich verließ die Küche, warf mich auf mein Bett und weinte bitterlich. Irgendwann muss ich eingeschlafen sein. Ich sah im Traum Maria, wie sie ganz alleine eine Straße entlangging. Ich rief sie, aber sie hörte mich nicht.

Am Heiligen Abend, der Vater hatte den Tannenbaum, wie in jedem Jahr, mit bunten Tannenzapfen aus Glas, die uns seine Mutter geschenkt hatte, und Strohsternen geschmückt. Als das Glöckchen läutete, betraten wir andächtig das Wohnzimmer. Schon die erste Strophe von „Stille Nacht" endete mit einem lange unterdrückten, herzzerreißenden Schluchzen von uns dreien, das in leises Weinen überging. Statt der Weihnachtsgeschichte, die der Vater uns jedes Jahr mit seiner tiefen Stimme vorlas, begann die Mutter, Marias Brief noch einmal vorzulesen. Und immer, wenn ihre Stimme vom Weinen tonlos wurde, putzte sie ihre Nase geräuschvoll und las dann weiter. Als es dunkel wurde, begaben wir uns ins Freie, schauten zum Sternenhimmel empor, und fühlten uns ganz nah bei Maria.

Dass es im fernen Amerika jetzt vielleicht gar nicht Nacht war, daran dachten wir nicht.

Es wurde ein trostloses Weihnachten. Obwohl ich das lang ersehnte Fahrrad an den Gabentisch gelehnt fand, und meine selbstgebastelte Weihnachtkrippe ein Lächeln auf die Gesichter der Eltern für einen Moment zauberte, blieb unser wichtigstes Geschenk Marias Brief. Er lag die ganzen Feiertage über in der Mitte des Tisches im Wohnzimmer. Die Eltern lasen ihn immer wieder und jedes Mal wurden sie von heftigen Weinkrämpfen geschüttelt.

Und ich, ich hatte die ganze Zeit darauf gewartet, dass Maria plötzlich wieder mit ihrem Koffer vor unserer Türe stehen würde. Nun begann ich zu begreifen, dass sie nicht zurückkam, dass sie mich für immer verlassen hatte. Oft weinte ich mich in den Schlaf. Nur in meinen Träumen schien sie manchmal wieder da zu sein.

Die Zeit verging. Nach einem mittelmäßigen Schulabschluss, den der Vater mit „Von dir habe ich nichts Anderes erwartet!" kommentierte, nahm mich Meister Lukać als Lehrling an.

Später erfuhr ich, dass er meiner Mutter, die er sehr verehrte, eine Freude machen wollte. Herr Lukać besaß eine große Werkstatt mit zwanzig Gesellen und vier Lehrlingen.

Autos waren mein Leben. Für eine glänzende und unversehrte Karosserie war mir keine Mühe zu viel und kein Feierabend zu schade. Meister Lukać verstand es wunderbar, mich mit den vielschichtigen Materialien eines Autos vertraut zu machen. Sein aufrichtiges Lob und seine wohlüberlegte und konstruktive Kritik fielen bei mir auf sehr fruchtbaren Boden und zum ersten Mal spürte ich Anerkennung.

Für die Lerninhalte der Berufsschule empfand ich weniger Begeisterung. Weil ich aber wusste, dass Meister Lukać und unser Lehrer sehr engen Kontakt pflegten, schon um die Entwicklung der einzelnen Lehrlinge im Auge zu haben, versuchte ich den Anforderungen so gut ich konnte, gerecht zu werden. Akribisch führte ich mein Berichtsheft und erlaubte mir, auch wenn ich mich krank fühlte, keinen Fehltag.

Manchmal murmelte der Vater, wenn er am Tisch saß und die Zeitung las, er erwarte jeden Tag, dass ich meine Lehrstelle im Stich ließe, um mich, wie er betonte, dem Faulenzerleben hinzugeben. Obwohl ich ihm nie einen Anlass für so ein Ansinnen gab, glaube er einfach nicht, dass ich zu etwas tauge.

Wenn ein Wagen mit Blechschaden angeliefert wurde, rief Meister Lukać: „Paul, sieh dir doch diesen Blechhaufen an. Meinst du, da wäre was zu machen?"

Sein Vertrauen trieb mir das Blut in den Kopf und die anderen tuschelten natürlich, „Unser Spezialist, der Meister denkt wohl, der kann Wunder. Er wird schon merken, dass da nichts zu machen ist."

Dann begann ich fieberhaft mit der Schadensfeststellung. Meine Ideen schlugen im Kopf Purzelbäume.

Einmal rief mich mein Meister: „Paul, du bist jetzt seit zwei Jahren Geselle bei mir. Du verstehst es mit Autos umzugehen, wie sonst keiner in meiner Werkstatt. Zu Neujahr will ich deinen Lohn erhöhen. Und, versteh mich nicht falsch, ich meine, es wäre gut, wenn du dir Gedanken über deine Zukunft machtest. Wenn es dir recht ist, würde ich dich gerne für die Meisterschule anmelden. Dann könntest du dich später selbstständig machen und eine eigene Werkstatt führen. Das Zeug dazu hast du."

Freudig erregt begab ich mich an diesem Tag auf den Heimweg. Ich traf die Mutter beim Abendbrot richten. Begeistert erzählte ich ihr vom Lob und dem Angebot des Meisters. Sofort begann die Mutter: „Das ist alles ganz schön für dich. Aber sag dem Vater nichts, er könnte denken, dir steigt der Erfolg zu Kopf und das willst du doch nicht?"

Enttäuscht nahm ich meine Jacke und lief viele Stunden durch die Weinberge. In meinem Kopf machten sich die seltsamsten Gedanken breit. Ich fühlte mich dem Vater gegenüber schuldig und wusste nicht warum. Die frische Nachtluft tat mir gut und am Ende überwog doch die Freude über die Worte des Meisters.

Einige Tage später, inzwischen hatte sich meine Enttäuschung etwas gelegt, lag, als ich nach Hause kam, ein blauer Briefumschlag auf dem Küchentisch. Er war an mich gerichtet. Ich wurde aufgefordert mich zu einem Tauglichkeitstest bei der Bundeswehr in Stuttgart einzufinden. Erschrocken zeigte ich den Eltern das Schreiben.

Der Vater verkündete sofort: „Der Militärdienst hat noch keinem geschadet. Es ist ja kein Krieg zu erwarten, also wirst du dort ein bisschen Disziplin lernen, das kann nur gut für dich sein. Vielleicht ist es noch nicht zu spät, um sich freiwillig zu melden, dann ist die Bezahlung sehr viel besser und du bekämst am Ende noch eine kleine Abfindung, das wäre doch gut für einen Neuanfang nach dem Wehrdienst."

Ich wagte nicht zu widersprechen. Der Plan von der Meisterschule wurde hiermit auf Eis gelegt.

Niedergeschlagen fuhr ich nach Stuttgart in der Hoffnung, dass ich, weil ich in vielen Dingen so ungeschickt und wankelmütig war, wie der Vater behauptete, für den Militärdienst nicht tauglich sein könne.

Leider erwies sich die Hoffnung als trügerisch. Schon bald musste ich meinen Dienst antreten. Allerdings kam ich in den Fuhrpark und durfte Autos reparieren, das machte mir trotz meines Unwillens großen Spaß. Auch die vielen körperlich anstrengenden Übungen fielen mir leicht, weil ich seit meiner Schulzeit im Verein Leichtathletik betrieben hatte. Hundertmeterlauf und Handballspielen gehörten zu meinen Lieblingssportarten.

Eine nette Begebenheit fällt mir ein.

Als ich Elly zu Beginn unserer Bekanntschaft fragte, ob sie Hundertmeterlaufen könne und in welcher Zeit, schaute sie mich befremdet an: „Warum Hundertmeterlaufen, wozu, wo ist der Sinn? Ich bin unsportlich und laufe nur, wenn ich ein sinnvolles Ziel erkennen kann."

„Der Sinn liegt im Laufen selbst", antwortete ich ihr, aber Elly machte eine wegwerfende Handbewegung.

„Tut mir leid, das verstehe ich nicht, und wenn ich etwas nicht verstehe, kann ich es auch nicht tun."

So war sie, meine Elly, kurz und knapp.

Wo kann sie nur hingegangen sein? Ich vermisse sie so.

Wir waren ein zusammengewürfelter Haufen junger Leute mit sehr unterschiedlicher Schulbildung und aus ganz verschiedenen gesellschaftlichen Schichten.

Willi, Franz und ich hatten keinen höheren Schulabschluss. Manche der anderen Kameraden prahlten gerne mit ihrem Wissen und trugen das bei jeder Gelegenheit zur Schau.

In der Kaserne hatten wir viel freie Zeit. Ein Kollege brachte einen Plattenspieler mit und so lernten wir, lebenslustig wie wir waren, Walzer, Tango und Foxtrott zu tanzen. Und bald schon, nach den ersten Wochen der Grundausbildung, zogen wir abends los und probierten die neu erworbenen Möglichkeiten, dem weiblichen Geschlecht näherzukommen, gnadenlos aus. Tanzen entschädigte uns für alle anderen unliebsamen Begleiterscheinungen des Dienstes am Staat.

Inmitten des Dreihundert-Seelendorfes, stand versteckt hinter hohen Tannen, das Gasthaus *„Zum heimlichen Eck"*. Dort sah ich Marlene zum ersten Mal. Sie war ein kleines schmalschulteriges Mädchen, mit weißblonden langen Haaren und tiefblauen Augen. Sie drehte sich mit Alfred, einem meiner Zimmergenossen, zum Walzertakt und ich wurde nicht müde ihren Bewegungen mit den Augen zu folgen. Ihre zarten Glieder bewegten sich mit unendlicher Leichtigkeit. Offensichtlich hatte sie sich für meinen Kumpel entschieden, deshalb blieb ich sitzen, obwohl ich sonst keinen Tanz ausließ, schloss die Augen und sah Marlene vor mir.

Dann kam die Aufforderung der kleinen Musikkapelle zur Damenwahl und vor mir stand das schöne Kind. Ich konnte mein Glück gar nicht fassen. Marlene schwebte in meinen Armen wie eine Feder durch den Saal. Der Duft von wilden Kräutern und Lavendel betäubte mich, sobald sich unsere Körper im Takt der Musik näherkamen. Ich wünschte, der Tanz würde nie enden. Bei einem Glas Heidelbeerwein schmiegte Marlene sich an meinen Arm und ich träumte davon, sie nie mehr loszulassen.

Der Gedanke an ihren schlanken Körper benebelte meine Sinne so sehr, dass wir, am nächsten Tag beim Handball das Spiel verloren, weil ich stürzte und mein Handgelenk brach. Im Krankenhaus hatte ich viel Zeit, mir ihren weichen Körper, ihre kleinen Brüste und das Aufblitzen ihrer strahlenden Augen vorzustellen.

Kaum genesen nahm ich Marlene mit nach Hause, um sie meiner Mutter vorzustellen. Mutter zeigte sich freundlich und erfuhr so, dass Marlene im Diakonissenhaus der Stadt ein soziales Jahr absolvierte. Vorsichtig berichtete meine Freundin, ihre Eltern sähen es gerne, wenn sie in die Schwesternschaft in Kaiserswerth eintreten würde, sie sei aber noch unentschlossen. Somit war auch offensichtlich, Marlene war evangelisch. Höflich verabschiedete uns die Mutter und ich brachte das Mädchen schweigend zu ihrem Elternhaus zurück.

Als mein Dienst wieder begann, wartete ich ungeduldig auf den Abend, in der Hoffnung Marlene wieder zu treffen.
   Seit jenem Abend bei uns zu Hause hatte ich sie nicht mehr gesehen. Ich stand einige Male

vor dem Haus ihrer Eltern, aber es fehlte mir an Mut, zu läuten. An ihrer Arbeitsstätte konnte ich sie nicht stören, weil sie mir doch erzählt hatte, wie streng die Mutter Oberin sei. Endlich hatten wir frei und im Schlepptau einiger Kameraden zog ich los.

Der Tanzsaal war wie immer überfüllt. Trotzdem sah ich Marlene sofort. Scheu lächelnd sah sie mich an. Schon beim nächsten Tanz hielt ich sie in meinen Armen. Wie hatte ich nur die vergangenen Wochen ausgehalten? Ich schwor mir insgeheim sie nie wieder loszulassen. In einer Tanzpause erzählte mir Marlene mit stockender Stimme: „Ich hatte solche Angst, dich nie wiederzusehen. Ich habe doch gleich gemerkt, dass deine Mutter nicht mit mir einverstanden ist, weil ich evangelisch bin."

Leidenschaftlich versicherte ich ihr, dass ich nicht mehr ohne sie leben wolle, ganz gleich, ob meiner Mutter das passe oder nicht.

Meine Kameraden amüsierten sich derweil, sie würden sicher unsere Abwesenheit nicht bemerken.

Uns ganz fest an den Händen haltend liefen wir heimlich in die Nacht hinaus. Im nahegelegenen Park waren wir ungestört. Der moosbedeckte Boden fühlte sich weich und warm an. Es war eine helle Nacht, ich konnte die Umrisse ihres zarten Körpers im Mondlicht deutlich erkennen. Wir küssten uns und die Zeit schien stehen zu bleiben. Mein Verlangen, diesem Mädchen ganz nahe zu sein, ja mit ihr eins zu werden, wurde immer heftiger und sie schien ebenso zu empfinden.

Mit einem Male ließ sie mich los und begann bitterlich zu weinen. Erschreckt nahm ich sie wieder in den Arm und als sie sich ein wenig beruhigt hatte, stammelte sie: „Es tut mir so leid, aber wir dürfen das nicht tun, das dürfen nur Eheleute. Wir begehen sonst eine schwere Sünde, das würde auch unsere Liebe zerstören."

Rasch befreite sie sich aus meiner Umarmung und verschwand, ohne sich zu verabschieden, in der lauen Nacht.

Da stand ich und konnte gar nicht begreifen, was passiert war. Eben noch schien das Glück zum Greifen nah, um sich in Eile davon zu stehlen, wie ein Dieb in der Dunkelheit.

Betäubt machte ich mich auf den Weg in die Kaserne. Der nächste Tag war ein Freitag und ich hatte frei, also fuhr ich nach Hause, ohne Marlene noch einmal gesehen zu haben. Meine Gedanken kreisten nur um die Frage, warum sollten wir nicht zusammen sein dürfen, wenn wir es beide so wollten. Ich konnte keine Sünde erkennen. Meine Mutter sah gleich, dass mich etwas bedrückte und so vertraute ich ihr arglos meinen Kummer an. Die Mutter wurde kreidebleich, als ich ihr gestand, dass ich mit Marlene ganz nah zusammen sein wollte und nur ihre Ablehnung nicht verstand.

„Das Mädchen hat recht", kam es gepresst aus ihrem Mund. „Man muss sich beherrschen, zuerst muss man heiraten und dann ergibt sich alles. Außerdem weißt du doch schon, dass ein evangelisches Mädchen für dich überhaupt nicht in Frage kommt. Du bist ja noch so jung, du findest sicher rasch eine Andere, eine, die zu dir passt."

„Aber Mutter", schrie ich in meinem Schmerz, „ich liebe nur Marlene, ich will keine Andere."

Mit einem giftigen Unterton, den ich an meiner Mutter nicht kannte, versicherte sie mir, das ändere sich schnell bei den Männern, ich wäre da sicher keine Ausnahme, und ließ mich stehen.

Jeden Abend stand ich vor Marlenes Haus. Es war alles ganz still und ich träumte, wie sich die Haustüre öffnete und ich sie endlich in meine Arme schließen konnte.

So vergingen viele Tage und Marlene kam nicht.

An einem verregneten Abend endlich hielt ich es nicht mehr aus und läutete. Eine freundliche Frau, bestimmt Marlenes Mutter, öffnete. Erstaunt, dass ich es nicht wisse, berichtete sie mir, Marlene sei endlich in die Schwesternschaft eingetreten und werde nun im Mutterhaus in Kaiserswerth zur Krankenschwester ausgebildet. Ich solle nicht traurig sein, so eine erste Liebe ginge schnell vorbei. Sie habe das, als sie jung gewesen sei, auch erlebt und erst später ihren Mann, Marlenes Vater getroffen. Mit einem freundlichen Händedruck verabschiedete sie mich.

Zurück in meinem Quartier nahm der Spott der Kameraden kein Ende. Die erste Liebe könne wie ein kleiner Tod sein, ob ich denn nicht lieber leben wolle? Viele ähnliche, geschmacklose Reden musste ich über mich ergehen lassen.

Mit einer Mischung aus Scham, Wut und Hilflosigkeit im Bauch begann ich die anderen wieder ins „heimliche Eck" zu begleiten. Einmal, ich hatte den anderen den ganzen Abend beim Tanzen lustlos zugeschaut, stand eine junge Frau an meinem Tisch. Sie hatte ihre leuchtend roten Haare zu einem wild wippenden Pferdeschwanz zusammengebunden und ein roter, sehr kurzer Rock umspannte ihre Hüften. Ihre weiß schimmernden Brüste wurden von einem hauchdünnen, durchsichtigen Etwas zusammen gehalten, ihre vollen Lippen waren grell geschminkt, sie lachte gurrend und rief, die Musik übertönend: „Ich beobachte dich schon eine ganze Weile, komm tanz doch mit mir, sonst versauerst du noch."

Fast willenlos ließ ich mich auf die Tanzfläche schieben. Gerade begann die Kapelle einen langsamen Walzer zu spielen. Meine Partnerin flüsterte mir zu, sie heiße Susanne, dabei drückte sie ihren Körper so eng an den meinen, dass ich spürte, wie mir die Schamröte ins Gesicht stieg. Das schien auch den anderen Paaren aufzufallen, sie bildeten einem Kreis um uns und beklatschten jede unserer Bewegungen wild gestikulierend. Susanne hielt mich umklammert und ich folgte ihrem biegsamen Körper wie hypnotisiert. Wenn ich die Augen schloss, spürte ich Marlene und mein ganzer Körper geriet in wilden Aufruhr.

Und so gefangen in meinen Gefühlen zog mich Susanne nach draußen, auf den schmalen Grasstreifen, der die Gaststätte teilweise umschloss. Susanne küsste wie der Teufel, ihre Zunge drang in meinen Mund ein, als wolle sie mich mit Haut und Haaren verschlingen. Sie nahm meine Hand und führte mich und ich, ich ließ es geschehen. Ihr Körper war geschmeidig, warm und voller unnachgiebiger Kraft. Sie lenkte meine ungeübte Männlichkeit und ich hatte nur noch den Wunsch, eins zu sein mit diesem weichen Körper, mit Marlene.

Rasch spürte ich, wie mein Körper sich aufbäumte und dann erschlaffte und eine unendliche Traurigkeit bemächtigte sich meiner, als ich begriff, das war nicht Marlene, die sich wie ein Kätzchen räkelte, ihren kurzen Rock nach unten zog und sich genüsslich eine Zigarette anzündete.

Wortlos wandte ich mich ab, brachte meine Kleidung in Ordnung und schlich müde und vor mich hin schluchzend nach Hause.

Wieder in der Kaserne erfuhr ich, dass unser Hauptmann, den wir alle sehr verehrten, versetzt worden sei und der Neue uns das Fürchten lehren wolle.

In den folgenden Wochen hagelte es Stubenarrest, wir wurden, schlimmer als während der Grundausbildung, durch das Gelände gejagt, wir robbten auf dem Bauch durch Schlamm und Unterholz und unser neuer Hauptmann wurde nie müde, uns bei unzähligen Liegestützen hämisch anzufeuern und zu beobachten.

Bald begann ich die Tage bis zu meiner Entlassung zu zählen.

Als ich an einem Wochenende zu Hause von den negativen Veränderungen in der Truppe erzählte, schrie der Vater: „Das habe ich mir gedacht, dass du wieder nicht durchhältst. Kaum wird es ein bisschen anstrengend, läufst du am liebsten davon. Dabei habe ich gehofft, du könntest beim Militär bleiben, Autos reparieren, was dir ja offensichtlich auch gut gelingt und hättest für die Zukunft ausgesorgt." Und, nachdem er sich beruhigt hatte, fügte er ein bisschen begütigend hinzu: „Versuch es doch noch einmal.

Sprich mit deinem Gruppenführer, erkundige dich, was du tun musst, um freiwillig weitermachen zu dürfen. Später wirst du erkennen, wie recht ich habe."

Die Mutter legte hinter dem Rücken des Vaters ihren Zeigefinger auf die Lippen. Das war ihr Zeichen: *Sag nichts, wir beide werden schon einen Ausweg finden.*

In den nächsten Wochen versuchte ich mir immer wieder vorzustellen, wie mein Leben weiter gehen sollte. Nach einer nächtlichen Übung, es regnete in Strömen und wir waren bis auf die Haut durchnässt, begann mein Kopf stark zu schmerzen. In der Krankenstation stieg mein Fieber rasch auf 40 °C, ich verlor jedes Gefühl für Zeit und Raum.
 Ich erinnere mich an ein weißes Zimmer und an Pflegerinnen mit großen Flügelhauben. Später erzählte mir die Mutter, sie habe mich in die Uniklinik bringen lassen, weil der Arzt in der Kaserne eine schwere Lungenentzündung diagnostiziert habe und ganz ratlos gewesen sei.

Als ich Elly einmal diese Wochen schilderte, sagte sie sofort: „Das kann ich gut verstehen. Du hattest Marlene verloren, der Schmerz saß tief in deiner Seele, dein Körper war dadurch anfälliger als sonst, der Mensch ist ein Ganzes, das lässt sich nicht so einfach trennen. Dann auch noch die veränderte Situation in der Kaserne und schon hat dein Körper gestreikt. Der Körper ist nicht dumm, er reagiert auch auf verborgene Signale und die Seele erst recht."

Ja, meine Elly. Sie verstand immer rasch, was passiert war, obwohl sie mich damals noch gar nicht kannte.
Warum ist sie nicht da? Wie kann sie mich so lange alleine lassen?
Stumm dem Rauch nachschauend, der meiner Zigarette entströmt, versuche ich mich zu erinnern, wohin sie gegangen sein könnte. Nichts, mein Kopf ist leer, meine Gedanken sind wie der Rauch, nicht greifbar.

Wie so oft, wenn ich nicht weiter weiß, besuche ich meinen Freund, den Fluss. Selbst das ununterbrochene Gurgeln des rasch fließenden Wassers scheint die Antwort nicht zu kennen.

Nach ungezählten Tagen, an denen ich schwach und mutlos zwischen den weißen Kissen lag, von kundigen Händen gepflegt, holte mich der Vater gütig vor sich hin lächelnd, nach Hause. Der Weg vom Krankenhaus zum Bahnhof schien unendlich weit und ich fühlte mich schwach und elend.

„Junge, reiß dich zusammen, du bist doch jung, das wird schon wieder."

Am nächsten Vormittag läutete es an der Türe. Vor mir stand eine junge Frau mit strähnigen, ungepflegten Haaren und verlegenem Lächeln in ihrem verquollenen Gesicht. Schluchzend fiel sie mir um den Hals.

„Paul, lieber Paul, ich bin so froh, dass ich dich gefunden habe. Erinnerst du dich, ich bin's, Susanne. Wir hatten es doch so schön an unserem ersten Abend beim Tanzen. Seit Wochen suche ich dich. Von einem deiner Kameraden habe ich endlich deine Adresse bekommen."

Noch im Türrahmen stehend schaute sie mich flehentlich an. „Paul, wir bekommen ein Kind, du wirst mich doch nicht im Stich lassen. Wir passen doch sehr gut zusammen. Paul, sag doch etwas."

Ich vergaß zu atmen. Was meinte dieses weibliche Wesen, das wenig Ähnlichkeit mit jener jungen Frau hatte, die ich einen Abend lang, anstelle meiner Marlene im Arm gehalten hatte. Ein Kind! Wieso denn ein Kind? Wir kannten uns doch gar nicht! Übelkeit kroch in mir hoch, ich stürzte ins Nichts.

Ich lag auf dem Sofa, die Mutter stand fragend vor mir: „Paul, Paul, lass die Augen auf, es nützt nichts, diese junge Frau ist hier, sie lässt sich nicht wegschicken."

Ich sah, wie sich die beiden Frauen an den Küchentisch setzten.

Freimütig erzählte Susanne, dass wir uns beim Tanzen begegnet seien, sie mich nicht vergessen könne und wir jetzt ein Kind bekämen.

Die Mutter wurde schneeweiß im Gesicht.

„Paul, Paul, was hast du gemacht? Ein Glück, dass der Vater nicht zu Hause ist." Und Susanne mit zornigem Gesicht anstarrend: „Sind Sie sicher, dass Paul der Vater ist? Er hatte doch noch keine richtige Bekanntschaft. Vielleicht hat er gar nichts damit zu tun und Sie suchen nur einen, der zahlt für Ihr leichtsinniges Verhalten."

Für mich zu laut und zu heftig weinte Susanne los. Das lasse sie sich nicht gefallen, Paul dürfe sich nicht vor der Verantwortung drücken, Mütter merkten nie, wenn ihre Söhne erwachsen würden und laut vor sich hin schluchzend warf sie sich über mich.

Mit strengem Gesicht sah mich die Mutter an: „Ist das wahr, bist du der Vater des ungeborenen Kindes? Wie konntest du nur?"

Ich sprang auf, wollte zur Türe hinaus, weit weg von diesem Unheil, das auf mich zukam. Aber die Mutter hielt mich fest: „Hier geblieben, du hättest damals weglaufen sollen, bevor das Unglück geschehen ist. Jetzt ist es zu spät."

„Wenn Sie sich ganz sicher sind, dass Paul der Vater ist, dann muss er auch dazu stehen, dafür werde ich sorgen", verkündete meine Mutter, die gewohnt war, die Dinge anzupacken, anstatt zu jammern und zu klagen. „Das Wichtigste ist, dass der Vater nicht zu früh von der Sache erfährt. Wir bereiten so schnell wie möglich alles für die Hochzeit vor. Und wenn ihr erst verheiratet seid, geht alles seinen geordneten Gang."

Meinen zaghaften Einwand „Aber Mutter, ich will doch nicht heiraten und schon gar nicht dieses Geschöpf", schien die Mutter zu überhören.

Sie schob uns beide zur Haustüre hinaus und ermahnte uns, vernünftig miteinander zu reden, sie wolle inzwischen überlegen, wie sie dem Vater meine eilige Hochzeit plausibel machen könne.

Zwei Wochen später standen wir vor dem Traualtar. Dass sich Susannes Eltern und meine vom ersten Augenblick an nicht mochten, erschien mir nicht wichtig.

Die Mutter hatte den Vater überredet, uns in die kleine Wohnung im Untergeschoss ziehen zu lassen, damit wir wenigstens ein Dach über dem Kopf hätten, wie sie betonte. Alles andere, was für einen funktionierenden Haushalt nötig sei, könne nacheinander beschafft werden.

Als der Vater dann Susanne in ihrer Kleiderschürze beim Wäscheaufhängen sah, schrie er: „Hab ich's mir doch gedacht. Von wegen Paul will einen eigenen Hausstand gründen. Nein,

nein, er ist ein unüberlegter Kindles-Macher und bald wird er auch an der Ehe das Interesse verlieren, so wie an allem, was er bis jetzt begonnen hat."

Mein Leben, es war schon zu Ende, bevor es richtig begonnen hatte. Der Vater hatte Recht, aus mir konnte nichts werden. Ich hatte nur noch einen Wunsch, ich wollte zum Fluss, wollte mich im Rauschen des klaren Wassers verlieren und nicht an die Zukunft denken.

Meine Zeit in der Kaserne war abgelaufen, ohne die vom Vater so hoch gepriesene Chance, beim Staat ein Auskommen fürs ganze Leben zu finden. Als ich Meister Lukać besuchte, lächelte er bedauernd. Leider hörten die Jungen nicht auf die Alten, die wirklich guten Möglichkeiten, im Beruf etwas zu erreichen, habe man nur, wenn man jung und ungebunden sei. Jetzt müsse ich mir eine Arbeit suchen, um meine Familie ernähren zu können. Es tue ihm sehr leid, aber wer sein Weiterkommen so leichtsinnig auf Spiel setze, habe es nicht anders verdient.

Müde starrte ich ins plätschernde Wasser. Das blaugrüne Nass vor mir breitete sich aus und schien in die Unendlichkeit meines verpfuschten Lebens zu fließen. Beruhigend und wärmend hüllten mich die Strahlen der Frühlingssonne ein, als wollten sie mich in meinem Kummer trösten.

Ich sehe mich mit Willi und Franz in der warmen Sonne am Strand von Marseilles liegen.

Aus einem Scherz, am Ende eines ausgiebigen Biergelages, geäußert, entstand die Idee, gemeinsam eine kleine Reise zu unternehmen. Wir waren alle drei noch ungebunden, sparsam und so voller Lebenslust. Rasch nahmen unsere Reisepläne Gestalt an. Wir erstanden ein kleines Zelt, einen Karbidkocher, einen Emaille-Topf, drei Blechteller und Becher, drei Löffel und ein Brotmesser.

Im etwas zerbeulten VW Käfer, der Willis Vater gehörte, zogen wir von Stuttgart aus los. Proviant besorgten wir uns in der Nähe von Tübingen. Unseren Durst wollten wir mit klarem Wasser stillen, falls wir an einem Brunnen oder einem sauberen Bach vorbeikämen. Es war ein heißer Frühsommer.

Wir hatten keinen festen Plan, wir wollten uns treiben lassen. Keine Kommandos, keinen Stubendienst, keinen morgendlichen Appel, nur die Weite, das Unbekannte und zwei lange Wochen vor uns.

In Offenburg fanden wir einen kleinen Zeltplatz. Willi briet Speck und Eier, wir tranken kühles Wasser aus dem Dorfbrunnen und schliefen im Schein des zunehmenden Mondes traumlos, bis uns die aufgehende Sonne den neuen Tag versprach. Mein mitgebrachter Pulverkaffee und das frische Brot aus der nahe gelegenen Bäckerei schmeckten himmlisch.

An Freiburg meiner Heimatstadt fuhren wir, aus voller Kehle *„Heute wollen wir das Ränzlein schnüren"* schmetternd, vorbei. Wir wollten die Welt sehen, die Heimat kannten wir ja schon.

In Basel kamen wir am späten Abend an und kampierten eine Nacht am Rande eines kleinen Mischwaldes. Am nächsten Morgen bemerkten wir, dass wir den von uns gesuchten Campingplatz nur um einige Meter verfehlt hatten. Die Stadt war sehr beeindruckend.

Wir waren uns einig, wir wollten auf jeden Fall bis Marseilles kommen. Wir konnten nur wenige französische Worte trotzdem waren wir überzeugt, uns verständigen zu können. Franz verkündete uns *„Mit wulewu kusche avek ma"* (Voulez-vous coucher avec moi) kämen wir überall zurecht.

Was waren das für unbeschwerte Zeiten.

II

Rosalie
(lange vor Pauls Geburt)

In der mondhellen, frostigen Nacht hat sich schwerer Raureif auf die knospenden Reben gelegt. Ich sitze in einer windgeschützten Ecke, auf einem wackligen Gartenstuhl, den jemand, ich weiß nicht wer, hier vergessen hat. Es muss schon früher Morgen gewesen sein, als ich mich hierher flüchtete. In der Ferne schimmern die ersten Lichtstreifen um die Wette mit den rasch verblassenden Sternen. Der Mond zeigt ein gleichgültiges Gesicht.

Unbemerkt, in großer Eile, ohne festes Ziel, verlasse ich mein Elternhaus. Der Weg führt mich direkt in die vertrauten Weinberge. Hier kenne ich jeden Weg, jeden Stein, jede aufstrebende Rebe. Die Tränen, die mich eben noch blind für meine Umgebung sein ließen, versiegen. Ich friere. Da hilft auch die raue Pferdedecke nicht, die ich, vor Kälte zitternd, um meinen Körper schlinge. Ich kann nicht wieder zurück. Mein Leben ist zu Ende, bevor es begonnen hat.

Wenn es wieder dunkel wird und meine Beine nicht mehr zittern, gehe ich langsam zum Fluss.

Ich kenne eine tiefe Stelle, in der sich das Wasser der *Dreisam* in starkem Strudel bricht, bevor es in ruhigem Band weiterfließt. Im vergangenen Jahr hat sich hier eine alte Frau ertränkt, weil ihre Kinder, ihres schwindenden Gedächtnisses wegen, nichts mehr mit ihr zu tun haben wollten. Sie sei gleich tot gewesen, stand später in der Zeitung.

Damals, als ich die Schule mit mäßigem Erfolg beendete, wäre ich gerne Weißnäherin geworden. Der wunderbare Stoff, die herrlichen Muster, die den Damast durchzogen, ließen in meinen Gedanken die feinsten Kopfkissen, Bettbezüge, Tischdecken und Servietten entstehen. Als ich die Mutter vorsichtig befragte, sah sie mich verwundert an: „Du weißt doch, wie sehr ich dich brauche, ich kann dich nicht gehen lassen, so leid es mir tut."

Und so blieb ich zu Hause, fütterte am frühen Morgen die Kleinen, wusch ihre Windeln, kochte für alle, brachte den Tieren ihr Futter, mistete den Hühner- und Schweinestall aus, erledigte den großen Waschtag, bügelte bis tief in die Nacht und tröstete die Geschwister, wenn sie sich, aus kindlichem Kummer in den Schlaf weinten. Ich tat das alles gerne, schon der Mutter zuliebe aber …

Und die Mutter wiederholte oft: „Wenn ich dich nicht hätte."

Später als Emmy, meine jüngere Schwester, die Schule verließ, durfte sie gleich in ein feines Büro in der Stadtverwaltung und Bürofräulein lernen. Mit einem Herzen voller Bitterkeit wandte ich mich an die Mutter.

Die Mutter erklärte mir mit Verachtung in der Stimme: „Was denkst du dir denn? Emmy ist doch zu gar nichts nütze, sie tändelt durchs Leben, was soll ich mit ihr zu Hause anfangen? Du bist doch meine Stütze, bei der vielen Arbeit."

Und so verging ein Jahr nach dem anderen. Die Brüder verließen nacheinander das Haus, um einen Beruf zu erlernen oder sie wurden zum Militär eingezogen.

Wenn sie nach Hause kamen, brachten sie ihre schmutzige Wäsche, ihre löchrigen Strümpfe und ihre abgelaufenen Schuhe mit. Dann war ich, bis sie uns wieder verließen, damit beschäftigt, alles wieder in Ordnung zu bringen. Für meine Brüder war das selbstverständlich, ja sie neckten mich sogar manchmal: „Wenn unsere kleine Hausmagd nicht wäre, müssten wir in Lumpen wieder fort."

Das tat mir sehr weh, sie achteten mich nicht als Schwester, ich war nur das billige Putzmädchen für sie.

Dann wurde Ernst zum Militär eingezogen. Bei seinem ersten Besuch brachte er einen Kameraden mit, dessen Eltern verstorben waren. Aus seinem Gepäck quollen ebenso viele schmutzige und zerschlissene Kleidungs- und Wäschestücke, wie aus dem meines Bruders.

In Windeseile begann ich den Inhalt der beiden Seesäcke wieder in Ordnung zu bringen.

Hermann, so nannte mein Bruder seinen Freund, bedankte sich sehr herzlich, strahlte mich an und verkündete: „Wenn ich einmal heirate, dann so eine Tüchtige wie dich."

Rasch nahm er mein Gesicht in seine Hände und küsste mich flüchtig auf den Mund.

Noch am gleichen Abend bat er die Mutter, mit mir ein Stück spazieren gehen zu dürfen. Die Mutter erwiderte, dafür sei eigentlich keine Zeit, aber dies eine Mal wolle sie es erlauben.

Und so gingen wir gemächlichen Schrittes durch die Weinberge. Herrmann erzählte, er sei auf einem Bauernhof geboren. Sein älterer Bruder bewirtschafte jetzt den Hof, seit die Eltern rasch nacheinander verstorben seien. Er habe schreckliches Heimweh, aber auch große Angst vor dem Tod. Er sei doch noch so jung, stehe am Beginn seines Lebens. Ich legte meine Hand in die seine, versuchte ihn zu trösten, unser Vater sei sich sicher, dass wenn es einen Krieg gäbe, er ein schnelles Ende fände. Und viele Soldaten überlebten auch den Krieg.

Mitten im Gespräch küsste er mich und klammerte sich an mich wie ein Ertrinkender. Ich war wie erstarrt, konnte meinen Mund nicht öffnen, um seinen Kuss entgegenzunehmen, er schien es nicht zu bemerken.

Als er mich losließ, erklärte er mir mit fast tonloser Stimme: „Ich habe noch kein Mädchen gehabt, noch nicht geliebt, ich bin noch gar kein richtiger Mann und soll vielleicht schon bald sterben. Das ist ungerecht. Nur weil es das Vaterland verlangt."

Tröstend streichelte ich ihm über sein dichtes Haar und sprach ihm Mut zu. Schweigend, Hand in Hand gingen wir durch die beginnende Dämmerung. Plötzlich blieb er stehen, nahm mich fürsorglich in seine Arme und flüsterte: „Ich träume schon lange von einem Mädchen wie du es bist. Wenn du mir versprichst, auf mich zu warten, dann geschieht mir nichts. Und wenn ich zurückkomme, heiraten wir."

Ich erwiderte seine Umarmung und schweigend gingen wir nach Hause. Mit vorwurfsvoller Miene, weil ich so lange weg war, empfing mich die Mutter.

Schon am nächsten Tag mussten die jungen Soldaten zurück zu ihrem Stützpunkt.

Tag und Nacht dachte ich über die Begegnung mit Herrmann nach. Ich wusste nicht viel von den Männern oder doch? Meine Brüder waren rau und herzlich, mein Vater war ein scheuer, von der Mutter verstoßener Mann. Ich empfand großes Mitleid mit ihm. Er sprach nur das Allernötigste, und wenn er einmal das Wort an eines der Familienmitglieder richtete, ließ ihn ein Blick der Mutter sofort verstummen. Ich ahnte nicht, was Männer und Frauen verband, aber ich spürte, dass es etwas Großes sein musste, etwas, das unser ganzes Leben beeinflussen konnte.

Dann kam ein Brief, er war tatsächlich an mich gerichtet, ich hatte noch nie einen Brief bekommen. Herrmann schrieb, er habe sich in mich verliebt und er hoffe, dass ich seine Gefühle erwidere. Mein Bruder habe ihm ein Bild von mir geschenkt, das trage er Tag und Nacht ganz nah an seinem Herzen, es helfe ihm ganz bestimmt die Zeit zu überleben. Und er käme bald wieder.

Eilig schrieb ich zurück, und versicherte ihm, dass ich auf ihn warten wolle.

Es kamen noch drei Briefe, dann hörte ich viele Monate nichts mehr. Ernst besuchte uns und erzählte, Herrmann sei in eine andere Kompanie versetzt worden. Sie begegneten sich nur noch selten.

Ernst hänselte mich gerne: „Hast dich wohl verguckt in den Herrmann, die Soldaten sind doch alle gleich, heute hier und morgen dort." Als er sah, wie traurig ich war, tröstete er mich: „Wir sind arme Kerle, blutjung und ständig den Tod vor Augen, das macht den anständigsten Menschen kaputt. Nimm's nicht so tragisch Schwesterlein, du hast ja mich."

Der zweite Weltkrieg brach aus. Beim Einmarsch in Polen trafen sich die Freunde wieder.

Dann schrieb Ernst, er sei verwundet worden, es sei aber nicht so schlimm. Im Lazarett sei auch Hermann, ihm gehe es auch schon besser.

Ununterbrochen dachte ich darüber nach, was nun werden sollte und fand keine Ruhe mehr. Ich wollte zu Herrmann, wollte ihn trösten, ihm helfen, seine Wäsche in Ordnung zu bringen, er hatte doch niemanden.

Durch den Brief meines Bruders wusste ich wo sie waren. Mit Mutters Notgroschen begab ich mich auf die ungewisse Reise.

Vier Tage war ich in verschiedenen, überfüllten Zügen in Richtung Norden unterwegs.

Am späten Abend des vierten Tages stand ich endlich am Tor des Reservelazaretts XVII in Berlin.

Da ich nicht wusste, wie lange ein Brief unterwegs sein würde, wollte ich Hermann mit meinem Besuch überraschen. Ein nicht mehr ganz junger Soldat wies mir den Weg zu den Krankensälen. Ein dumpfer, furchtbarer Geruch nach Essensresten, ungewaschenen Körpern,

Eiter, Urin und Schmutz schlug mir entgegen. Vielleicht zwanzig Männer mit meist verbundenem Kopf saßen um einen großen Tisch und spielten offensichtlich Karten. Ihre Gesichter waren teilweise durch den Verband kaum zu erkennen. So fragte ich schüchtern in die Runde nach Hermann.

Sofort sprangen alle auf, umrundeten mich und wollten wissen, ob ich sein Liebchen, oder seine Schwester sei.

Später begleitete mich ein offensichtlich nicht so sehr verletzter Soldat über den verlassenen Hof, der leicht plätschernden Musik entgegen, die aus einem hell erleuchteten kleinen Saal zu uns herüber schallte.

Der Raum war überfüllt mit Menschen, die allesamt Verbände trugen, entweder am Kopf, an den Armen oder an den Beinen. Alle aber versuchten sich im Rhythmus der Musik zu bewegen, die alles übertönte. Durch den Rauch der Zigaretten hindurch versuchte ich Gesichter zu erkennen, ein Gesicht, meinen Hermann. Die Tanzenden versuchten mich mit auf die Tanzfläche zu ziehen, aber ich wollte nur meinen Hermann finden.

Plötzlich flog die Türe auf und herein kam ein engumschlungenes, sich heftig küssendes Paar. Ich war wie erstarrt. Hermann, mein Hermann, er war offensichtlich gar nicht so krank, in jedem Fall nicht zu krank, um sich um weibliche Wesen zu kümmern.

Die Tasche, die ich prall gefüllt mit frischer Kleidung, einem Schinken und Kuchen von zu Hause mitgebracht hatte, fiel mir aus der Hand und mit einem lauten Knall zu Boden. Ich wollte nur noch weg. Scham über meine Einfalt und Dummheit, meine Gutgläubigkeit und meine Unwissenheit ließ mich kopflos das Lazarett verlassen. Ich war ja so unglücklich, so verletzt. Am liebsten wollte ich hier und jetzt auf der Stelle sterben.

Ich ließ mich auf den Boden gleiten um nie wieder aufzustehen. Vor Müdigkeit, traurig und hungrig muss ich eingeschlafen sein.

Entsetzlich frierend erwachte ich. Im Dunkeln, außerhalb des umgebenden Zauns wurde mir bewusst, dass ich kein Nachtlager hatte.

Zum Glück war es Frühsommer und so erwachte ich mit den ersten Sonnenstrahlen auf einer Parkbank, auf der ich erneut eingeschlafen sein musste, nur leicht fröstelnd, um mich müde, bitter enttäuscht und traurig auf den Heimweg zu begeben.

Viele Nächte weinte ich mich in einen unruhigen Schlaf, war verzweifelt und konnte meine Enttäuschung auch am Tage kaum verbergen.

Mutter wirkte froh, dass ich wieder zu Hause war und ihr die viele Arbeit abnahm. Trotzdem zeigte sie mir viele Wochen mit vorwurfsvoller Miene, was sie über meine Reise dachte. Sie versuchte ihre Gedanken geschickt für sich zu behalten, dann brach es einmal aus ihr heraus: „Ich habe es dir gleich gesagt, einem Mann nachzufahren, welch eine dumme Idee. Die Männer sind es nicht wert, dass man ihnen nachläuft. Und nun ist auch noch mein Notgroschen dabei auf der Strecke geblieben. Ich hoffe du lernst daraus."

Bald holte uns der Alltag wieder ein, kleine und größere Sorgen hinderten uns, noch weitere Gedanken an Vergangenes zu verschwenden. Und ich schwor mir selbst, nie wieder einem Mann zu vertrauen.

Ernst wurde vermisst gemeldet und von Hermann hörte ich nichts mehr.

Im März des darauf folgenden Jahres machten wir zum ersten Mal seit Beginn des Krieges unsere Heckenwirtschaft wieder auf.

Unter den ersten Gästen war Wilhelm. Er war als Soldat auf dem Weg in einen kurzen Heimaturlaub und besuchte die Eltern eines Kameraden in Freiburg, der gefallen war. Ein weiterer Soldat brachte Wilhelm mit zu uns, weil es bei uns zum Wein noch selbstgebackenes Brot gab.

Es wurde ein feuchtfröhlicher Abend und sogar unsere Mutter, die nicht viel vom Feiern hielt, es sei Krieg und Feiern unangebracht, schien nicht unfroh über die lustige Gesellschaft. Schon am nächsten Wochenende kam Wilhelm wieder vorbei, er sei auf dem Rückweg zur Front nach Dänemark und wolle nur rasch Lebewohl sagen. Dabei nahm er mich ganz ohne Ankündigung fest in seine Arme und verkündete, er käme bald wieder, ich solle mich bereit halten, wozu ließ er offen.

Wilhelm war groß und von kräftiger Gestalt. Er sprach fehlerfreies Hochdeutsch, hatte lustige graue Augen und schien sehr ernst für sein Alter.

Ich war inzwischen achtundzwanzig und immer öfter überlegte ich, ob ich wohl mein Dasein als alte Jungfer beschließen müsse. Die Mutter neckte mich manchmal ein bisschen: „Vielleicht kommt doch noch einer, der dich aus deiner spröden Hülle erlöst."

Und Wilhelm kam, brachte ein schlichtes schwarzes Kleid mit, es passte mir, wie wenn ich es selbst ausgewählt hätte, und einen Hut mit einem kleinen schwarzen Schleier.

Er habe uns schon bei seinem letzten Besuch beim Standesamt angemeldet. Ich sei doch sicher einverstanden, in diesen schweren Zeiten müsse man rasch Nägel mit Köpfen machen.

Drei Tage später waren wir verheiratet und zogen in die kleine Kammer über dem Hühnerstall. Wilhelm war nicht ganz so unerfahren wie ich und so verbrachten wir einige schöne Tage miteinander, bevor er wieder an die Front zurückmusste.

Wir schrieben uns eifrig und ich versprach dem heiligen Joachim, dem Patron der Eheleute, mein Leben, wenn nur Wilhelm wieder gesund nach Hause käme.

Den nächsten Heimaturlaub nach unserer Hochzeit bekam Wilhelm, als unsere Tochter Maria geboren war.

Wie glücklich wiegte er das Kind im Arm, in den wenigen Stunden, die er bei uns sein durfte. Immer wieder bestaunte er das neue Leben und verkündete mit überzeugender Stimme, so ein kleines Kind sei ein wirkliches Wunder neben all seinen gefallenen Kameraden und erfülle ihn mit großer Hoffnung, dass alles bald vorbei sei.

Der Krieg kam immer näher und machte uns große Angst. Aus unserem vor wenigen Wochen erstandenen Volksempfänger dröhnten unendliche Propagandareden Hitlers. Vater war überzeugt, dass das *„Tausendjährige Reich"* – wie Hitlers Versuch genannt wurde, sich immer mehr Länder gefügig zu machen und diese nur noch von arischen Menschen bevölkern zu lassen –, in kürzester Zeit zusammenbrechen werde. Immer wieder sprach er davon, dass Deutschland dann endgültig am Boden läge und uns als Volk keiner mehr zu Hilfe käme.

Seit Ernst vermisst war, hatte unser Vater jede Hoffnung verloren. Für unsere Mutter war er schon, seit der kleine Franz gestorben war, tot. Ich umsorgte ihn, so gut es mir möglich war, und kümmerte mich ebenso um meine Mutter. Bei keinem von meinen Eltern durfte ich über den Anderen auch nur ein Wort verlieren. Meine kleine Maria, ihr erstes Enkelkind, bereitete ihnen dennoch, auch wenn sie sich ganz getrennt voneinander um sie kümmerten, große Freude.

Von Wilhelm kam nur sehr sporadisch Post. Er schrieb immer wieder, dass er uns sehr vermisse, dass das Essen sehr schlecht sei und die

Kälte unerträglich und dass der „*Endsieg*" nicht mehr weit sein könne. An Fronturlaub sei, bei der sich verschlechternden Kriegssituation, nicht zu denken.

Dann kam der siebenundzwanzigste November 1944. Freiburg erlebte den schwersten Bombenangriff des 2. Weltkrieges, dem einige Tausend Menschen und ein Großteil der Stadt zum Opfer fielen. Wir verbrachten einen ganzen Tag und eine Nacht im Luftschutzkeller. Wir spürten, dass etwas Schreckliches passiert sein müsse. Gespräche verstummten und in einer Ecke begannen verzweifelte Menschen laut Rosenkranz zu beten. Der vermeintlich herannahende Tod erzeugte eine unsichtbare Verbundenheit, alles Trennende dieser zusammen gewürfelten Notgemeinschaft verschwand.

Die Eltern hielten sich stumm, jeder auf einer Seite des Kellers auf. Maria, inzwischen drei Jahre alt, weinte viele Stunden und schlief dann endlich im Arm meiner Mutter ein. Hunger und Durst plagte uns, aber niemand beklagte sich.

Endlich wurden die beiden Flügeltüre des Luftschutzkellers langsam geöffnet. Kaum dem

Frieden trauend, schob sich die Menschenmasse durch die Öffnung. Die Eltern, Maria schlafend auf dem Arm der Mutter, waren dem Ausgang am nächsten. Ich hatte einer anderen Mutter mit zwei Kindern geholfen und war somit am Ende der Menschenschlange.

Auf einmal packte mich eine starke Hand unsanft am Arm, eine kräftige Hand presste sich mir auf den Mund und ich fiel zu Boden. Ich wollte schreien, aber kein Laut drang aus meiner Kehle. Dann ging alles ganz schnell. Ein Mann warf sich über mich, schob mir mit Gewalt den wollenen Rock hoch, zog meinen Schlüpfer herunter und drang, ohne dass ich es verhindern konnte, in mich ein. Schon nach wenigen Augenblicken ließ er mich wild schnaubend los und verkündete hämisch, es sei doch Krieg, da sei alles erlaubt. Die Männer befänden sich sowieso an der Front, da müssten die Weiber doch froh sein, wenn sich einer ihrer erbarme.

Ich lag erstarrt am Boden. Wie in Zeitlupe stand ich auf und sah mich um, ich war mit dem Blockwart unseres Stadtteils ganz alleine zurückgeblieben. Ohne mich noch einmal umzudrehen, verließ ich den Ort meiner Schande.

Dem Anschein nach hatte niemand mein verspätetes Auftauchen aus der Unterwelt bemerkt. Die Eltern standen fassungslos vor den Trümmern der Häuser in unserer Straße. Wie durch ein Wunder schien nur ein kleiner Teil unseres Hauses beschädigt. Mir blieb keine Zeit, über die schlimme Demütigung nachzudenken.

Immerhin waren wir am Leben geblieben. Ich musste mich um meine Eltern und mein kleines Mädchen kümmern.

In den folgenden Wochen waren wir damit beschäftigt, den Schaden an unserer Behausung zu beheben. Fenster waren zersprungen, der Schornstein zersplittert, ein Stück des rechten Giebels herausgerissen. Andere hatte es viel härter getroffen. Manche Häuser waren dem Erdboden gleich, aus mehreren Häusern stieg noch nach Tagen Rauch auf. Verzweifelte suchten nach ihren Angehörigen, der Leichenwagen schien zum Straßenbild zu gehören und nichts war mehr wie vorher.

Die Eltern beklagten sich nicht, sie zeigten keinerlei Interesse für das, was um sie geschah. Ein Tag verlief wie der andere. Mit Hilfe der Lebensmittelkarten versuchte ich, meine Familie so gut es ging, durch die schwere Zeit zu bringen.

Dann erlitt meine Mutter einen schweren Herzanfall und musste ins Krankenhaus. Viele Wochen vergingen in der Ungewissheit, ob sich ihr

Zustand noch einmal verbessern würde. Besuche des Vaters lehnte sie weiterhin ab.

Von Wilhelms Kompanieführer wurde mir mitgeteilt, dass er sich in russischer Gefangenschaft befände. Ich könne ihm schreiben, aber es sei ungewiss, ob er die Post erhalte.

Maria entwickelte sich zu einem fröhlichen, unkomplizierten Kind, an dem mein Vater seine Freude hatte.

Dann ging mit mir eine merkwürdige Veränderung vor. Ich fühlte mich schlecht und elendig und schob alles auf die vielen Probleme, mit denen ich völlig alleine dastand.

Endlich durfte die Mutter nach Hause, aber sie war sehr schwach und hilfsbedürftig. Als unser Hausarzt, der sein Bein im Krieg verlor und deshalb wieder bei uns praktizieren konnte, die Mutter besuchte, erlitt ich selbst einen Schwächeanfall und der Doktor verkündete mir, als ich wieder zu mir kam, er wolle mir gratulieren, ich sei im fünften Monat schwanger und eigentlich bis auf die Unterernährung ganz gesund.

Oh Gott, ich bin schwanger, ich, eine verheiratete Frau, deren Ehemann sich weit weg in russischer Gefangenschaft befand, von dem niemand wusste, ob er je zurückkäme. Mit unerträglicher Deutlichkeit sah ich Simon vor mir, wie er mich, nachdem er mir Gewalt angetan hatte, verhöhnte.

Mühsam und mit großer Anstrengung versuchte ich meinen ausweglosen Kummer zu verbergen. Ich schlich aus dem Haus, in die Weinberge, zum Fluss, klagte ihm mein Leid und war überzeugt, es sei das Beste, wenn er mich mitnähme. Wenn er mich mitriss ins Ungewisse, in größere Fluten, ins unendliche Meer, ohne Wiederkehr.

Und meine Mutter? Sie war krank und schwach, durfte ich sie alleine lassen? Mein Vater, wer sollte ihn trösten, ihm kochen, sein Bett beziehen? Und erst recht Maria, wie sollte sie ohne Mutter und vielleicht ohne Vater aufwachsen?

Eilig, ohne mich noch einmal nach meinem schnell dahinfließenden Freund umzuschauen, laufe ich nach Hause. Da liegt ein Brief von

Wilhelm, viele Monate alt, ungeöffnet. Wilhelm schreibt, ich solle ihm verzeihen, dass er sich so lange nicht gemeldet habe. Es seien furchtbare Zeiten, nichts sei mehr wie vor dem Krieg, die Menschen hätten ihr Leben nicht mehr im Griff, die Moral spiele keine Rolle mehr, jetzt ginge es nur noch ums nackte Überleben. Er sei in Gedanken immer bei uns und hoffe nichts mehr, als dass wir uns gesund wiedersähen, alles andere sei unwichtig geworden.

Die vielen Stempel zeigen mir, wenn auch ganz unleserlich, der Brief muss durch viele Stationen gegangen und lange unterwegs gewesen sein.

Ach Wilhelm, wo bist du?

Wilhelms Worte gingen mir nicht mehr aus dem Sinn. Es stimmte, die ganze Welt schien durch diesen furchtbaren Krieg aus den Fugen geraten zu sein. Unser kleines, unbedeutendes Leben spielte überhaupt keine Rolle mehr. Unsere Sorge ums Dasein, ums Morgen, um Schuld oder Sünde, um materielle Sicherheit, nichts von alledem war noch von Wichtigkeit. Einzig was noch wichtig war, war das Leben.

Und ich, ich spürte das Kind in meinem Leib, ein neues wenn auch ungewolltes Leben, ohne Liebe gezeugt in einem Augenblick der Angst, der Verzweiflung, der nach Untergang aussehenden, äußeren Umstände. Mutig setzte ich mich hin und schrieb mir alles von der Seele. Schrieb von dem Mut, den mir sein Brief in einem Augenblick der Verzweiflung machte. Von meiner Hoffnung auf sein gütiges Urteil, sein Verständnis. Dass ich ihn liebte, ihn nie betrogen hätte, dass wir sehnsüchtig auf seine Rückkehr warteten und darauf hofften, was vom Leben übrig blieb, mit ihm gemeinsam und in Frieden verbringen zu können.

Und dann wartete ich auf Antwort, auf ein Lebenszeichen, ging täglich zum Briefkasten, um dann wieder auf den nächsten Tag zu warten …

Maria entwickelte sich zu einem sehr lebhaften Kind. Vater verlor kein Wort über meinen weithin sichtbaren Zustand. Er schien sich zu freuen, wenn ich ihm sein Essen brachte, er verließ jetzt nicht mehr gerne sein Zimmer. Als ich ihn einmal bat, doch wieder mit uns am Tisch zu essen, gestand er mir, dass er die Mutter nicht unnötig aufregen wolle und deshalb lieber für sich bliebe.

Die Mutter wurde immer schwächer und verbrachte jetzt viele Stunden im Bett. Sie klagte immer wieder über heftige Schmerzen in der Brust und aß wie ein Vögelchen. Manchmal rief sie im Schlaf nach dem kleinen Franz und wachte dann bitterlich weinend auf. Ich saß jetzt jede freie Minute an ihrem Bett, wusch sie, kleidete sie um, wiegte sie in meinen Armen, tröstete sie, bis sie wieder einschlafen konnte. Meinen Zustand schien sie nicht zu bemerken.

Derweil kümmerte sich Vater um Maria. Er spielte mit ihr, erzählte ihr Geschichten und sang manchmal ganz leise ein Kinderlied für sie. Ihre Lieblingsgeschichte war die vom kleinen Marienkäfer, der sich im Birkenwald verirrt hatte und von einer kleinen, fleißigen Biene wieder nach Hause zurückbegleitet wurde.

Endlich ein Brief. Er war von Gustav, meinem Bruder. Er schrieb, er käme einige Tage auf Urlaub, er wolle unbedingt wissen, wie es uns ginge. Es schien, als habe die Mutter nur auf ihn gewartet, sie bat ihn den Pfarrer zu holen, um die letzte Ölung zu bekommen und dann verschlechterte sich ihr Zustand von Stunde zu Stunde.

Inzwischen spürte ich, dass das Kind ins Leben drängte. Ich wollte Gustav erzählen wie alles gekommen sei, aber Gustav winkte ab, er habe im Krieg so viel Ungeheuerliches gesehen und gehört, er wolle mir nur beistehen so gut er könne, bevor er wieder zurück müsse. Gustav beschwor mich, doch an mich und das Kind zu denken und endlich in den bestellten Mietwagen zu steigen, er kümmere sich schon um Mutter und Vater und um Maria Aber ich konnte die Hand meiner Mutter nicht loslassen, bis ich spürte, dass alles Leben aus ihr gewichen war.

Paul schrie nicht, als er meinen Körper durch das enge Tor verlassen hatte. Es schien, als wolle er gar nicht leben. Erst die Hebamme im Krankenhaus konnte ihn zu einem kräftigen Schrei ermuntern. Bei Mutters Beerdigung lag ich unfreiwillig im Wochenbett und war todtraurig.

Gustav begleitete den Vater und erlebte seinen völligen Zusammenbruch am Grab.

Später am Tag habe er ihm erzählt, berichtete mir Gustav im Krankenhaus, wie schrecklich sein Leben verlaufen sei nach jenem furchtbaren Unglück mit dem kleinen Franz. Das Schlimmste aber sei, dass er seiner Frau so unendlich wehgetan habe und sie nicht um Verzeihung bitten konnte, weil sie nie wieder bereit gewesen sei, mit ihm zu sprechen.

Maria freut sich sehr über ihr Brüderchen. Vater saß Stunden am Bett des kleinen Kindes und verkündete mir immer wieder strahlend, das Kind lächle ihn an und er glaube, der Himmel habe ihm dieses Kind geschickt, um ihm zu zeigen, dass alle Schuld getilgt sei.

Langsam fand er wieder ins Leben zurück, war wieder das Familienoberhaupt, kümmerte sich um uns und trug auch wieder zum materiellen Überleben bei.

Wenige Wochen später wurde Simon begraben, der Blockwart, dessen unverantwortlichem Handeln Paul sein Leben verdankt.

Und ich schrieb an Wilhelm.

Auf meinen Brief mit meinem Geheimnis bekam ich in all der Zeit keine Antwort, aber ich wollte nichts unversucht lassen. Ich schrieb ihm jetzt, dass Paul geboren war, dass meine Mutter für immer aus unserem Leben gegangen sei und dass ich Gott jeden Tag bat, mir ein Lebenszeichen von ihm, meinem geliebten Mann, zu schenken.

Ich begann Nachforschungen anzustellen, erst nur über den Verbleib von Wilhelm. Als aber Gustav sich auch nicht mehr meldete, sein letzter Brief war Monate alt, suchte ich fieberhaft nach einem Lebenszeichen von beiden.

Nun verbrachte ich viele Stunden bei der Suchstelle des Roten Kreuzes. Ich traf viele Menschen mit ähnlichem Schicksal, verzweifelte Väter und Mütter, die nach dem Verbleib ihrer Söhne suchten. Ich traf junge Frauen, deren Kinder ihren Vater noch nie gesehen hatten. Und alle, alle lebten von der Hoffnung auf ein Wiedersehen.

Wieder vergingen Monate. Einmal kam der Sohn einer Familie in der Nachbarschaft zurück. Abgemagert, zerlumpt brach er in den Armen seiner Mutter zusammen und hauchte noch am selben Abend sein Leben aus. Alle aus unserem Stadtteil, die auch noch ein Familienmitglied vermissten, fühlten mit der Familie. Ja es war so, als wäre der eigene Mann oder Sohn mit diesem aus der Gefangenschaft Heimgekehrten gestorben. Zumindest die Hoffnung auf eine gesunde Wiederkehr war vernichtet.

Das Leben ging weiter. Häuser wurden wieder aufgebaut, langsam kam wieder Ordnung in unseren Alltag. Es gab wieder das Lebensnotwendige zu kaufen. Vater bekam seine Pension pünktlich und meine Hoffnung schwand von Monat zu Monat, Wilhelm und Gustav je wiederzusehen. Vater schien sich damit abgefunden zu haben, dass erst Ernst und dann auch noch Gustav für immer verloren waren. Wir vermieden alle beide, über unsere Verluste zu sprechen. Die Sorge um den Alltag und die Freude an den Kindern lenkte uns von unserem Kummer ab.

Dann, große Aufregung, die D-Mark wurde eingeführt und jeder bekam einen Betrag von vierzig D-Mark. Und wir lebten noch.

Maria wurde eingeschult und zeichnete am Nachmittag mit großem Eifer die ersten Kreise und Spazierstöcke. Paul kam in den Kindergarten zu den Schwestern vom hl. Kreuz. Er weinte immer schrecklich, wenn ich mich verabschiedete.

Vater unterstützte mich, so gut er konnte. Manchmal holte er Paul vom Kindergarten ab. Er gab sich große Mühe, meinem kleinen Paul das Pfeifen beizubringen. Und Paul war gerne bei seinem Großvater, immer mit gespitzten Lippen vor sich hin pfeifend, ohne erkennbare Melodie, begleitete er seinen Großvater auf Schritt und Tritt.

Sonntags nach dem Gottesdienst besuchten wir das Grab meiner Mutter, brachten ihr frische Blumen und ich erzählte ihr, was sich im Laufe der Woche ereignet hatte. Vater hielt sich immer im Hintergrund, so als wolle er die Ruhe seiner Frau nicht stören.

Freunde, Bekannte und manche Familienmitglieder bedrängten mich, meinen Mann für tot erklären zu lassen. Anne, die Frau von Ernst hatte das längst getan. Sie war überzeugt, wenn der Krieg ihr schon den Mann und ihrer Tochter den Vater genommen habe, so solle der Staat wenigstens dafür bezahlen.

Aber ich, ich konnte und wollte nicht daran denken, dass Wilhelm nicht wiederkäme.

Für die Stunden, wenn Maria in der Schule und Paul im Kindergarten war, suchte ich mir eine Putzstelle. Im nahegelegenen Gasthof war ich sehr willkommen. Neben dem Putzen durfte ich auch bald bei der Vorbereitung der Speisen helfen, Knochen anbraten, um vorrätige Soße zuzubereiten, Fleisch anbraten – Schweinebraten war jetzt sehr gefragt –, Markklößchen für den Mittagstisch am Sonntag zubereiten, Klöße rollen und Kuchen für den Nachmittagskaffee backen.

Bald verkündete mir die Wirtin, ich sei ein echter Glücksfall. Dankbar dachte ich an meine Mutter, sie hatte mir alles beigebracht, was mir jetzt half, meine Familie finanziell zu versorgen, auch ohne Geld vom Staat.

Wenn etwas nicht mehr verkauft werden konnte, durfte ich es mit nach Hause nehmen. Das war für uns dann wie ein Festtag.

Abends saßen wir vor dem Schlafengehen noch um den Küchentisch und manchmal spielte ich für die Kinder auf meiner Mundharmonika *„Guten Abend, gute Nacht"* und Vater sang kräftig mit.

Der Herbst begann in diesem dritten Jahr, seitdem der Krieg zu Ende war, mit heftigen Stürmen. Bald färbten sich die Blätter rot und gelb, um dann vom Wind eilig tanzend durch die Straßen getrieben zu werden. Paul bastelte seine erste Laterne, um am Martinszug der Kindergartenkinder teil zu nehmen. Weil er die Laterne nicht gerade hielt, fing sie Feuer und Paul war untröstlich.

Ende November begannen wir die ersten Plätzchen zu backen und Paul naschte so viel vom Teig, dass er schlimme Bauchschmerzen bekam. Maria lernte in der Schule das Nikolausgedicht, *„Von draußen vom Walde komm ich her"* und ich erzählte den Kindern vom heiligen Nikolaus.

Der erste Schnee fiel, als es am Abend laut an der Türe pochte und als ich öffnete, ein fremder zerlumpter Mann vor mir stand. Ungläubig starrte ich ihn an. Dann löste sich meine Erstarrung und ich rief mit sich überschlagender Stimme: „Wilhelm, Wilhelm bist du es wirklich?"

Im Januar kam dann auch Gustav, in einem ähnlichen Zustand wie Wilhelm, aus der Gefangenschaft zurück.

Wilhelm erzählte wenig von den Jahren, die er fern von uns unfreiwillig verbracht hatte. Die alte Vertrautheit wollte sich nur zögernd wieder einstellen, eine gewisse Fremdheit blieb.

Vater zeigte sich nie ganz zufrieden mit dem, was Wilhelm tat. Er erwartete immer, dass ich mich ausschließlich um ihn kümmerte. Im Haus galt auch nur, was der Vater sagte. Wir hätten es jetzt schön haben können, aber die beiden Männer verhielten sich wie Rivalen und jeder erwartete, dass ich nur für ihn da sei.

Und Paul? Paul zeigte sich als ängstliches, unsicheres Kind, das sich selbst nichts zutraute, das kaum Eigeninitiative entwickelte. Er war ein bisschen bequem, leicht zufriedenzustellen, er erwartete wenig und war auch nicht bereit, sich mehr als nötig anzustrengen.

Wenn es mit Paul Probleme gab, traf mich Wilhelms vernichtender Blick wie eine Keule. Kein Vorwurf kam über seine Lippen, keine Bemerkung, die der Umwelt den wahren Sachverhalt hätte aufzeigen können.

Wir sprachen nie über das, was ich Wilhelm in meiner Verzweiflung damals in dem Brief an die Front mitgeteilt hatte. Nur ich, ich fühlte mich schuldig und gleichzeitig für Paul verantwortlich. Er war doch mein Kind, er konnte doch nichts für seine Existenz, er hatte nicht darum gebeten, in diese Welt zu kommen.

Noch einmal wurde ich schwanger. Wilhelm hoffte so sehr auf einen eigenen Sohn. Nur zu gerne war ich bereit, nach allem, was wir durchgemacht hatten, ihm diesen Wunsch, wenn es möglich wäre, zu erfüllen. Vielleicht würde uns dieses Kind die Möglichkeit geben, daran anzuknüpfen, bevor Wilhelm für lange in den Krieg ziehen musste, wie glücklich wir einst gemeinsam gewesen waren. Wir hatten ja noch gar keine Möglichkeit gehabt zu erfahren, wie es ist als kleine Familie gemeinsam auf ein Kind zu warten. Es als kleines Wesen aufwachsen zu sehen, uns miteinander über das erste Lächeln, die ersten Schritte, die ersten Worte zu freuen. Maria war im Krieg geboren worden, als Wilhelm im Lazarett lag.

Zugleich aber ahnte ich, was das für Paul bedeuten würde. Der Gedanke machte mich traurig und mutlos.

Viel zu früh begannen die Wehen, weil ich mich wieder einmal im Weinberg beim Jäten überanstrengte. Der Vater schimpfte, noch ein Kind, wer soll denn dann die ganze Arbeit tun? Er hatte kein Recht sich einzumischen, schließlich hatte unsere Mutter acht Kindern das Leben geschenkt und wie ich wusste, nicht ganz ohne sein Zutun. Wilhelm schimpfte, wegen des Weinbergs und meiner Treue zum Vater wegen sei ich bereit unser Kind zu gefährden, das könne er nicht zulassen.

Aber es war nicht mehr aufzuhalten. Unter unerträglichen Schmerzen kam mein kleines Mädchen zur Welt. Der Arzt versicherte mir, die Wehen seien deshalb so heftig, weil es noch viel zu früh für die Geburt sei. Das Kind hatte nur vier Pfund, rötliche Löckchen und ein ganz glattes Gesichtchen. Es schrie nicht, sondern jammerte wie ein junges Kätzchen, das versehentlich im Regen nass geworden ist.

Wilhelm versuchte, seine Enttäuschung zu verbergen, lächelte ermunternd und versicherte mir, er kümmere sich zu Hause um die Kinder und den Vater. Er habe in der Gefangenschaft kochen gelernt, sodass das jetzt alles kein Problem wäre.

Bei der Nottaufe gab der Krankenhausseelsorger meinem kleinen Mädchen den Namen Theresa. Sie wollte nicht trinken, obwohl meine Brust vor lauter Milch überquoll. Theresa, viel zu klein, um überleben zu können, schrie nicht. Es schien, als wolle sie einfach dem Leben oder dem Tod entgegen schlafen. Die Ärzte versicherten mir, Theresa habe sicher keine Schmerzen, sie sei aber noch zu unreif, um überleben zu können.

Wenn ich in meinem weißen Bett lag und das so zerbrechliche kleine Wesen in meinem Arm hielt, dachte ich an meine Mutter. Wie viel Leid und Schmerz sie durchlitten hatte. Wie der kleine Franz in ihren Armen gestorben war. Wie furchtbar es war, als mein ältester Bruder als vermisst gemeldet wurde. Ich dachte an meine Eltern, die über all ihrem Kummer keinen Weg mehr zueinander gefunden hatten.

Und ich dachte an Paul, der mich brauchte, den nur ich beschützen konnte. Zu vieles war passiert in den vergangenen Jahren, immer musste ich stark sein, vermitteln, Unerträgliches hinnehmen.

Unaufhörlich flossen mir Tränen übers Gesicht, ich konnte gar nicht mehr aufhören zu weinen. Ich fühlte mich unendlich leer, ausgebrannt, hoffnungslos, traurig.

Wilhelm kam und ging wieder, ohne dass wir ein Wort miteinander sprachen. Sein Gesicht war ein einziger schwerer Vorwurf.

Vier Tage später war die kleine Theresa sanft eingeschlafen und wir begruben sie in unserem Garten, weil sie noch nicht die vom Gesetz vorgeschriebene Größe hatte, um auf dem Friedhof begraben werden zu können.

Wir sahen aneinander vorbei, wir konnten die Trauer nicht miteinander teilen. Wir waren uns fremd.

Wir brauchten sehr viel Zeit, bis wir wieder normal miteinander umgehen konnten. Wilhelm umarmte mich in den folgenden Jahren nur, wenn er sehr viel getrunken hatte und das kam selten vor.

Und Paul wurde zum Zankapfel zwischen uns. Wilhelm wollte mit sehr viel Nachdruck aus dem Jungen den Sohn formen, den er selbst nie haben konnte. Mit Strenge, mit Spott, mit Vorhaltungen, mit eigenem, seiner Meinung nach vorbildlichen Verhalten, versuchte er, aus dem Jungen einen, wie er immer wieder betonte, anständigen, tüchtigen Menschen zu machen.

Und ich, ich versuchte Paul zu beschützen, seine Streiche, seinen Leichtsinn, seine Bequemlichkeit und sein Nichtbegreifenkönnen, warum der Vater so viel von ihm erwartete, was er nicht erfüllen konnte und auch nicht wollte, weil er spürte, dass es nie genug sein würde.

III

Maria

Seit Stunden sitze ich hier in der Stadt, in der ich eine neue Heimat zu finden glaubte, in Seattle, im Bundestaat Washington, auf einer Bank am Rande des Lake View Cemetery, des Jüdischen Friedhofes in der Nähe des Volunteer Parks. Alte Eichen, übermächtig groß, begrenzen das Heer der unzähligen Grabsteine. Gräser und kleine Sträucher bewachsen die Flächen zwischen den sich sehr ähnelnden, ungeschliffenen Feldsteinen. Wild und doch irgendwie einer Ordnung gehorchend, stehen die Steine da, wo Menschen ihre letzte Ruhe fanden.

Vier Wochen sind vergangen, seit wir Mendel, meinen Mann, eingehüllt in ein unversehrtes, weißes Leinentuch und mit seinem Tallit, seinem Gebetsschal, hier in die kalte Erde gelegt haben. Immer wieder öffne ich meine Augen, glaube geträumt zu haben, sehe, wie er auf mich zuläuft, spüre, wie er mich in seine Arme schließt, mich küsst, mich ganz fest hält. Wie er unseren kleinen Sohn auf seine Schultern hebt, mit ihm scherzt und lacht. Rasch schiebt sich dann das Bild vor meine Augen, wie sein Körper plötzlich schwankt wie ein Betrunkener, und dann, mit den Händen ins Leere greifend, fällt und sich nicht mehr bewegt. Schreie dringen aus meiner Kehle, die nicht zu mir zu gehören scheinen. Jemand versucht mich festzuhalten …

Es fällt mir unendlich schwer zu glauben, dass er nicht mehr da sein soll, dass er tot sein soll, dass er nicht mehr wiederkommt.

Heute bin ich zum ersten Mal allein. Keine besorgten Nachbarn, keine Mitglieder der Beerdigungsbruderschaft, sogar Tante Judith ist abgereist. Ich sitze hier und beginne ganz langsam zu begreifen, Mendel ist unwiderruflich fort, für immer fort.

Sicher, ich stand zusammen mit seiner Tante Judith ganz nahe am Grab und trotzdem war es mir unbegreiflich, dass er für immer von uns gegangen sein sollte. All die vielen fremden Leute, Arbeitskollegen und Freunde von Mendel und natürlich die ganze jüdische Gemeinde. Mendel war ein tiefgläubiges Mitglied, das jeder kannte. Als sein Tod bekannt wurde, fanden sich sofort die Chevra kadischa, die Mitglieder

der gemeinnützigen Beerdigungsbruderschaft bei uns ein, um, wie sie mir erklärten, mir und meiner Familie beizustehen, einen Teil der Formalitäten zu erledigen und um uns in den vier Abschnitten der Trauerzeit zu begleiten.

Der erste Abschnitt, *Aninut*, begann sofort.

Bevor ich begriff, was um mich geschah, bedeckten sie meinen Mann mit einem unversehrten, weißen Leinentuch, das sie offensichtlich mitgebracht hatten. Er solle so auf dem Boden liegen bleiben, bis man ihn auf den Friedhof überführe.

Da seine Seele, wie mir weiter erklärt wurde, erst zum Himmel aufsteigen könne, wenn er begraben sei, müsse die Beisetzung so schnell wie möglich erfolgen.

Mendel hatte keinerlei Verwandte außer Tante Judith, sie war die Frau von Jakob, seines Vaters Bruder, der schon einige Jahre zuvor verstorben war. Ich lernte Judith bei unserer Hochzeit kennen und mögen. Sie war eine herzliche ältere Dame, unaufdringlich in ihrem feinen Benehmen, Mendel liebte sie sehr.

Dass Mendel erst in der Leichenhalle und von den Mitgliedern der Bruderschaft gewaschen werden durfte und nicht zu Hause von mir, machte mich unendlich traurig, bis mir erklärt wurde, das sei bei gläubigen Juden Vorschrift und er hätte das auch so gewollt. Für mich als Christin, auch wenn ich nicht regelmäßig zur

Kirche ging, war das alles fremd und unverständlich.

Ich wollte nicht, dass sie meinen Mendel mitnahmen, dass ihn fremde Menschen anfassten, ihn aus- und wieder ankleideten. Dass er für immer hinausgetragen wurde und ich nichts dagegen tun konnte. Tief in mir regte sich noch immer die Hoffnung, gleich würde er wieder aufstehen, mich umarmen und mir versichern, alles sei nur ein böser Traum gewesen. Hoffnung schenken, das Positive sehen können, war doch seine große Stärke.

Als ich die Augen wieder öffnete, war die Stelle, wo er lag bereits leer. Ich begann wieder zu schreien, aber niemand schien mich zu hören.

Im zweiten Abschnitt der Trauer, *Schiwa*, die erste Woche nach dem Begräbnis, begann die Bruderschaft unsere Spiegel zu verhängen, besorgten mir einen Urlaubsschein bei meinem Arbeitgeber, unterstützten die Nachbarn, die sich um die Mahlzeiten kümmerten. Außerdem begleiteten sie mich täglich zum Friedhof und sprachen Gebete mit mir. Und Toni, der erst zwei Jahre alt war, wurde von ihnen liebevoll versorgt. Ich war wie erstarrt, zu nichts fähig.

Als den dritten Abschnitt, *Schloschim*, wurden die dreißig Tage nach dem Begräbnis bezeichnet. Feste und Feiern, nach denen es mir ohnehin nicht zumute war, Haare schneiden und das

Tragen von neuer Garderobe war weiter untersagt. Wie erstarrt nahm ich meine Arbeit wieder auf und die Nachbarn kümmerten sich um Toni. Den Eltern hatte ich telegrafiert, aber erst nach einigen Wochen kam ein Brief, in dem sie Mendels Tod sehr bedauerten und gleichzeitig ihrer Überzeugung Ausdruck verliehen, ich käme jetzt wieder zurück, was solle ich auch alleine mit einem kleinen Kind in dem fremden Land.

Der vierte Abschnitt, dem dritten gleichgesetzt, war wie bei uns in Deutschland mit dem Trauerjahr zu vergleichen. In diesem ganzen Jahr trug ich immer mein schwarzes Hochzeitskleid, wenn ich das Haus verließ.

Es war im Frühling, die Magnolien blühten und die Wiese vor dem Bahnhof war übersät mit Gänseblümchen.

Natürlich waren die Eltern traurig und weinten die ganze Zeit. Und Paul, Paul brachte kein Wort beim Abschied über die Lippen. Ich wusste, dass ich ihm mit meinem Fortgehen das Herz brach. Aber es musste sein, ich konnte die Enge im Elternhaus, die Streitereien, die lieblos gewordene Atmosphäre einfach nicht mehr ertragen. Dazu kam mein Wunsch nach Freiheit, nach einem Land, von dem mir meine amerikanischen Freundinnen so farbenfroh erzählten, von den herrlichen Möglichkeiten Geld zu verdienen.

Auch mir war ein bisschen mulmig beim Gedanken, alles Vertraute zurückzulassen, nicht wirklich zu wissen, was mich erwartete. Egal, ich wollte einfach nur weg.

Der lange Flug war schrecklich, ich musste mich andauernd übergeben und mir war speiübel. Ich war froh, endlich das Flugzeug verlassen zu können. Dann, in der großen Halle für Einreisewillige, wurden alle Neuankömmlinge registriert. Ein buntes Sprachgewirr umgab mich. Es dauerte Stunden, bis wir endlich an die Reihe kamen. Einzeln durften wir durch die Absperrung. Barbaras Eltern warteten schon und begrüßten ihre Tochter und deren Mann herzlich. Als meine Freundin mich vorstellte, machten die Eltern, ein Ehepaar vielleicht Mitte fünfzig, zeitlos aussehend, verächtliche Gesichter. Ratlos schaute ich mich um. Meine Freundin verabschiedete sich flüchtig von mir, weil sie gleich mit ihrem Mann in dessen Heimatstadt weiterreisen durfte und ich war plötzlich mit all dem Unbekannten und Fremden ganz alleine.

Barbaras Eltern mussten unterschreiben, dass sie sich die nächsten drei Jahre für mich verbürgten. Das bedeutete auch, dass ich auf Gedeih und Verderb auf sie angewiesen war und wenn ich nicht zurechtkäme, zurück geschickt werden würde.

Meine Gastfamilie bewohnte in einem Außenbezirk der Stadt ein einfaches, ebenerdiges Holzhaus mit einer kleinen Veranda und einem winzigen Garten. Ich hatte solche Häuschen, von denen eines wie das andere aussah, schon im Kino gesehen. Sie reihten sich aneinander wie Perlen an einer Schnur und ohne dass man das Ende sehen konnte. Mein Schlafplatz glich eher einem Besenkämmerchen als einem Zimmer. Ein Bett. ein Stuhl, ein kleiner Tisch und ein Plastikschrank füllten den Raum. Eine verwaschene Tüllgardine hinderte teilweise das Tageslicht am Eindringen. Das Badezimmer teilte ich mit der Familie. Immer, wenn ich es benutzen wollte, ließen mich die Gasteltern spüren, dass ich nur geduldet war. Es fehlte ihnen jede Herzlichkeit, außerdem waren sie enttäuscht, weil ich kein Bargeld besaß. Ich dachte an zu Hause und mich beschlich der Gedanke, dass meine Eltern gar nicht so falsch gelegen hatten mit ihren Bedenken.

Schon am ersten Abend gaben mir Barbaras Eltern, gestikulierend mit Händen und Füßen, zu verstehen, dass sie von mir die Bezahlung für die Bürgschaft erwarteten und sprachen immer wieder von ‚much money'. Außerdem sei es üblich, dass ich alle Putzarbeiten erledigte, die Wäsche für die Gasteltern zu machen hatte und beim Kochen und Spülen half.

Schon am nächsten Tag teilten sie mir unmissverständlich mit, ich müsse arbeiten gehen, das sei in Amerika so, schließlich sei die Freiheit ohne *money* nichts.

Rasch beschafften sie mir Arbeit bei einem Lebensmitteldiscounter. So füllte ich jeden Tag, auch sonntags, zwölf Stunden Regale mit Konservendosen auf. Ich musste höllisch aufpassen, keine Fehler zu machen. Schnell begriff ich, dass man rasch angestellt und ebenso rasch auch wieder entlassen werden konnte.

Als ich mein erstes verdientes Geld Barbaras Eltern überbrachte, zeigten sie sich etwas freundlicher. Das Lernen der Sprache fiel mir sehr schwer, zumal ich nach der Arbeit eigentlich zu müde war zum Lernen. Kaum verstand ich einige Worte, als mich meine Gastgeber auch schon drängten, eine besser bezahlte Arbeit zu suchen, um schneller meine Schuld abzutragen. Barbara hatte es versäumt mir zu erzählen, dass ich ihren Eltern so viel Geld schuldig sein würde für die Bürgschaft.

Ein kleinerer Supermarkt bot einen besseren Stundenlohn, bei zehn Stunden Arbeit täglich. So konnte ich abends noch drei Stunden in einer Café Bar arbeiten und mein Einkommen stieg. Manchmal kam mir die Atmosphäre bei Barbaras Eltern ähnlich bedrückend vor, wie bei uns zu Hause. Dann dachte ich darüber nach, ob ich nicht ein bisschen voreilig gewesen sei, einen so großen Schritt in ein fremdes Land zu tun, ohne eine wirkliche Ahnung zu haben, wie es dort sei. Aber solche Gedanken wurden von der schweren Arbeit und dem Hunger – für Essen blieb mir nicht viel, weil ich fast alles abgeben musste –, schnell verdrängt.

Beim Einschreiben in den Englischkurs für Anfänger lernte ich Susa kennen. Sie war jünger als ich, Sekretärin im Sprachcenter und wir mochten uns vom ersten Augenblick an. Schon nach kurzer Zeit bot sie mir an, zu ihr zu ziehen, sie habe eine schöne Wohnung, die viel zu groß für sie alleine sei. Die junge Frau war hier geboren, kannte die Gesetze und erreichte, dass das Ausländeramt sie als Bürgen für mich akzeptierte.

Susa erzählte mir, dass sie schon als Baby nach Amerika gekommen sei. Ihre Eltern seien Deutsche gewesen, die ihre Heimat 1944 aus politischen Gründen verlassen mussten.

Barbaras Eltern waren sehr wütend, als ich auszog und ich habe auch nie wieder etwas von ihnen gehört.

Von nun an ging's bergauf. Weil die Miete bei Susa viel geringer war als der Betrag, den ich Barbaras Eltern abgeben musste, konnte ich anstelle der Arbeit in der Café Bar einen richtigen Sprachkurs besuchen und machte schnell Fortschritte.

Susa bemühte sich sehr, das Eingewöhnen so angenehm wie möglich zu machen. Manchmal gingen wir zusammen spazieren oder besuchten ein Kaufhaus, natürlich ohne etwas zu kaufen, aber das Angebot war sensationell.

Einmal besuchten wir am Abend einen Club, in dem Tanzmusik gespielt wurde. Der Club, ausgestattet mit roten Samtvorhängen, die kleinen Hocker an der Bar mit rotem Plüsch bezogen, kleinen, roten Laternen, die ein sehr gedämpftes Licht verbreiteten, wirkte ein bisschen verträumt. Das undurchdringliche Sprachgewirr nahm uns jede Möglichkeit uns zu unterhalten und so begnügten wir uns mit dem Beobachten der illustren Gesellschaft. Zu Hause hatte ich einen Tanzkurs absolviert. Aber was diese bunte Menschenmenge tanzen nannte, hatte nichts mit meinem Erlernten zu tun. Jeder hüpfte, bog sich, tänzelte für sich alleine und ob sich Menschen kannten oder fremd waren, war nicht zu erkennen. Wir begnügten uns mit Zuschauen und nahmen uns vor, den Club *Semiramis* bald wieder einmal zu besuchen.

Weihnachten ging als heimwehbeladenes Fest rasch vorüber und wir freuten uns schon auf den Frühling.

An einem lauen Frühlingsabend besuchten wir wieder einmal den von uns entdeckten Club. Es war noch früh am Abend und an der Theke standen nur vereinzelt Gäste. Bis jetzt hatte ich mich noch nicht auf die Tanzfläche gewagt.

Ein junger Mann sprach mich an. Soviel ich verstand, konnte er auch nicht tanzen, er bat mich, doch ein Stückchen mit ihm spazieren zu gehen.

Susa winkte mir zu und so begab ich mich mit dem Fremden ins Freie, um den rötlichen, von kleinen weißen Wölkchen umspielten Abendhimmel zu bestaunen. Er war einen Kopf größer als ich, schlank und quicklebendig. Er strahlte eine große Ruhe und Gelassenheit aus und schien immer zu Späßen aufgelegt.

Mit vielen Gesten, die meinen unvollständigen Sprachkenntnissen geschuldet waren, suchte mein Begleiter nach einer Möglichkeit der Verständigung.

Er sei ganz alleine auf der Welt, ob ich kein Mitleid mit ihm empfinden könne? Woher ich käme und warum ich ausgerechnet nach Seattle gekommen sei?

Für eine Antwort ließ er mir kaum Zeit. Schon erzählte er mir, seine Großeltern seien vor Ewigkeiten aus Italien nach Amerika gekommen mit dem Wunsch Millionäre werden zu wollen. Dazu lachte er sein herzliches, nicht enden wollendes Lachen, bis ich in seine Fröhlichkeit einstimmte.

Schon am nächsten Abend trafen wir uns wieder. Höflich verbeugte er sich und verkündete: „Ich heiße Mendel, bin aber mit dem berühmten Mendel Singer aus Joseph Roths Roman *„Hiob"* nicht verwandt."

Ich kannte weder den Namen, noch den Roman und schämte mich ein bisschen.

Mendel schien meine Reaktion gar nicht wahrzunehmen.

„Und wie gefällt dir ‚Rosenbeiger'?" Mit listigen Augen schaute er mich an. „Ich muss doch wissen, ob dir der Name gefällt, sonst wirst du mich ja nicht heiraten."

Ich fiel aus allen Wolken. Ich verstand nur ‚heiraten'. Wir kannten uns doch gar nicht.

Bevor ich etwas erwidern konnte, nahm er mich in seine starken Arme, küsste mich und versicherte mir, er wolle mich nie wieder loslassen.

Susa freute sich sehr für mich. Sie selber denke nicht an heiraten, sie wolle erst eine Europareise machen, die Heimat ihrer Vorfahren kennen lernen, bevor sie sich für immer binde. Außerdem habe sie bis jetzt auch noch kein Mann gefragt, ob sie ihn haben wolle. Das sei tragisch genug erklärte sie mir lachend und umarmte mich. Sie wünsche mir viel Glück und natürlich wolle sie mich bei den Vorbereitungen für ein so wichtiges Ereignis unterstützen.

Erste Probleme stellten sich ein, als Mendel mir gestand, dass er praktizierender Jude sei. Von früheren diesbezüglichen Ausführungen meiner Mutter wusste ich, dass Juden kein Menschenschlag wären, den sie in ihrer Familie haben wollte, warum wusste ich natürlich nicht. Aber meine Mutter war weit weg. Und hier in Amerika verloren sich ihre Worte wie Regenwolken am Himmel, die ein starker Wind vertrieb.
Mendel beeilte sich, als er mein sorgenvolles Gesicht sah, mir zu versichern, er denke, dass jeder Mensch seinen Glauben frei leben können solle, das sei Freiheit pur. Er erwarte nur, dass ich diese Form der persönlichen Freiheit respektieren könne. Außerdem, ich sei ja Christin und Jesus sei auch Jude gewesen. Das beruhig-

te mich und ein bisschen konnte ich mich auch noch an den Religionsunterricht in der Schule erinnern.

Schon in den ersten Tagen hatte mich mein Freund mit zu sich nach Hause genommen. Die Wohnung lag mitten im Zentrum, im zehnten Stock eines Geschäftshauses, hatte fünf Zimmer, zwei Bäder und einen großen Balkon, von dem aus man einen herrlichen Blick in das Herz der Stadt hatte. Ein ungeheurer Luxus, wenn ich an Freiburg dachte, an unsere enge Wohnung, an unsere Außentoilette, die den Namen eigentlich nicht verdiente.

Ungläubig staunend erkundigte ich mich sofort bei Mendel, wie er sich so eine wunderbare Wohnung leisten könne. Und Mendel erzählte mir von seiner Familie.

Seine Großeltern seien zwar keine Millionäre geworden, aber sie hätten bald begriffen, dass dies das Land der unbegrenzten Möglichkeiten sei. An keine Traditionen gebunden wie in Italien, nicht von der Meinung der Familie abhängig sein, nicht den ganzen Clan mit ernähren zu müssen, das alles verstanden sie als Chance auf ein neues Leben. Sie verrichteten jede Arbeit, die sich ihnen bot, arbeiteten hart und mit großer Ausdauer und trieben dabei ihre Bildung voran. Schon in der nächsten Generation, bei seinem Vater zeigte sich ein gewisser Erfolg. Er besuchte eine private Schule, absolvierte ein Medizinstudium und wurde ein angesehener

Arzt. Sein Bruder Jakob durchlief eine Banklehre, dann ein Wirtschaftsstudium und landete in der Chefetage einer großen Bank. Leider hatten Onkel Jakob und Tante Judith keine Kinder. Seine Mutter habe seinen Vater als leitende Oberschwester in einer von den beiden ins Leben gerufenen Privatklinik unterstützt. Als er Mendel, geboren wurde, schien das Glück der beiden vollkommen.

Hier unterbrach der sonst so redefreudige Mendel seinen Bericht und richtete seinen Blick in eine unwirkliche Ferne.

Als er nach einer Weile weitersprach, wirkte seine Stimme gebrochen: „Als ich sechs Jahre alt war, begaben sich meine Eltern auf eine Reise in die alte Heimat. Kurz vor der Landung in Rom stürzte ihr Flugzeug ab." Und leise fügte er hinzu: „Seitdem bin ich ein Waisenkind."

Tränen, die gar nicht mehr versiegen wollten, liefen wie Sturzbäche über sein Gesicht. Tiefes Mitleid erfüllte mich und ich nahm ihn tröstend in meine Arme.

Später erzählte er mir noch, er sei dann bei seinem Onkel aufgewachsen, ganz behütet und beschützt. Die Klinik der Eltern sei mit Verlust verkauft worden und Onkel Jakob habe ihn nach der Schule bei seiner Bank untergebracht. Dort leite er jetzt die Auslandsgeschäfte und verdiene sehr gut. Tante Judith sei für ihn wie eine Mutter und zudem seine einzige Verwandte.

Er war der erste Mann, der sich für mich interessierte, der erste, der mich als weibliches Wesen, als Frau ernstnahm. Er erklärte mir auch, dass eine tiefe, echte Verbindung zwischen Mann und Frau, die natürlich auch das Körperliche einbeziehe, etwas Gottgewolltes, Heiliges sei. Das müsse von beiden Partnern respektiert werden und schließe zu große körperliche Nähe vor der Eheschließung, aus.

Mendel fragte mich nie, ob ich zum Judentum konvertieren wolle. Er wollte nur in Ruhe seinen Glauben leben und nahm dabei sehr viel Rücksicht auf mich, weil ich ja, wie er mir manchmal lächelnd vermittelte, schuldlos ahnungslos sei und er mich über alles liebe.

In einem schmucklosen Amtsgebäude gaben wir uns das amtliche Jawort. Mendel verzichtete aus Rücksicht auf mich auf das Ritual in der Synagoge. Meine Freundin Susa und Tante Judith weinten ein bisschen, als wir uns küssten und später aßen wir gemeinsam in einem sehr vornehmen koscheren Restaurant.

In den folgenden Wochen führte Mendel mich behutsam in die Geheimnisse der Liebe zwischen Mann und Frau ein. Zuerst schämte ich mich, so ahnungslos in die Ehe eingewilligt zu haben. Aber Mendel tat so, als sei das das Natürlichste von der Welt.

Mendels Arbeitstage waren lang und ich versuchte derweil meine Kochkünste im Zubereiten der Mahlzeiten zu verbessern. Tante Judith hatte mir zur Hochzeit in weiser Voraussicht ein der Tradition entsprechendes Kochbuch geschenkt.

Und Mendel vertraute mir, lobte mich und verkündete all seinen Freunden, eine in der Tradition aufgewachsene Frau könne das nicht besser machen.

An den Wochenenden zeigte mir mein Mann die Schönheiten *seiner* Stadt, verbrachte viel Zeit mit mir auf dem Wasser, das wie ein kleines Meer vor unserer Haustüre in der Sonne wie unendlich viele Edelsteine glitzerte.

Als wir wieder einmal an einem Samstag, Mendel hatte das ganze Wochenende frei, mit einem seiner Boote auf dem See segelten, wurde es mir sehr übel und ich musste das ganze schöne Frühstück dem Wasser übergeben. Mendel zeigte sich nur kurz besorgt, dann begann er zu strahlen.

„Bestimmt bist du schwanger. Hurra, der Himmel schenkt mir zu dem Glück mit dir auch noch einen Sohn!"

Er umfasste meine Taille und wirbelte mich durch die Luft vor lauter Freude, bis ich mich erneut übergeben musste.

Mendels unglaubliches Hochgefühl kannte keine Grenzen. Er begann mich noch mehr, als er es bis jetzt schon getan hatte, zu verwöhnen und versuchte mich buchstäblich auf Händen zu tragen. Ich durfte nichts mehr Schweres heben, sollte mich möglichst nicht bücken und auch sonst jede noch so kleine Anstrengung vermeiden. Immer wieder drängte er mich, meines Zustandes wegen, meine Arbeit aufzugeben. Er verdiene doch genug für uns beide.

Aber ich hatte doch inzwischen Schreibmaschine schreiben gelernt und konnte schon sehr gut mit der für mich fremden Sprache umgehen. Schon vor unserer Hochzeit hatte ich mich in einer kleinen Anwaltskanzlei beworben. Die Arbeit machte mir sehr viel Freude und mein Chef lobte mich fast täglich für meinen Lerneifer.

Bald ließ die morgendliche Übelkeit nach und die Zeit bis zur Geburt verging wie im Flug. Mendel wollte natürlich immer in meiner Nähe sein, um ja die Geburt seines so sehnlichst erwarteten Sohnes nicht zu verpassen. Ein bisschen fürchtete ich mich auch vor Mendels Enttäuschung, wenn wir ein Mädchen bekämen.

Manchmal wurde Mendel zu Großkunden der Bank nach Portland geschickt. Er galt als brillanter Kundenbetreuer, was ihn natürlich bei schwierigen Kunden machte. Nur nach heftigem Protest, den sein Chef sonst gar nicht an ihm kannte, buchte er diesmal den Flug und versprach mir, ganz rasch wieder da zu sein.

Und natürlich suchte sich unser Kind genau den Tag für seinen Eintritt in die Welt aus, als sein Vater unterwegs war.

Susa, die treue Seele, begleitete mich in die Klinik und hielt meine Hand an Mendels Stelle. Während der Schwangerschaft hatte ich mich intensiv mit den Vorgängen bei der Geburt beschäftigt. Dass es aber so schlimm werden würde ahnte ich, wie alle Erstgebärende, natürlich nicht.

Nach fast zwölf Stunden hörte ich endlich mein kleines Baby schreien und konnte erlöst die Augen schließen.

Mendel kam am nächsten Morgen, direkt vom Flughafen zu mir, mit einem riesigen Rosenstrauß.

„Unser Sohn scheint ebenso ungeduldig zu sein, wie du es manchmal bist", verkündete er ein bisschen vorwurfsvoll, „aber ich bin der glücklichste Mensch auf der Erde. Ich habe einen Sohn und du scheinst alles gut überstanden zu haben."

Eine Schwester brachte unser Kind, bettete es in meinen Arm und Mendel legte seine beiden Arme schützend um uns, als wolle er uns nie mehr loslassen.

Als Mendel gegangen war, dachte ich an meine Mutter. Ich hatte keine Ahnung, was eine Frau bei der Geburt alles erleiden muss. Ein Gefühl, dieses Erlebnis nie wieder vergessen zu können, stieg in mir hoch.

Ach, wenn sie doch hier wäre und ich könnte mit ihr sprechen, könnte ihr meinen kleinen Buben zeigen, könnte ihr erzählen, dass ich sie jetzt viel besser verstand. Ich dachte daran, was meine Mutter mir von der Zeit vor meiner Geburt und von der Geburt meines Bruders manchmal an unseren Geburtstagen erzählt hatte.

Sie war alleine gewesen, Vater war im Krieg und niemand wusste, ob er wiederkommen würde. Paul wurde geboren, als ihre Mutter starb. Wie bitter musste das gewesen sein. Wie gerne würde ich mit ihr das schwere und doch auch so wunderschöne Erlebnis der Geburt teilen. Aber uns trennten unüberwindliche Welten und ich spürte auch, dass man so ganz persönliche Sachen nicht in einem Brief schreiben konnte. Was mich dazu getrieben hatte, meine Heimat zu verlassen, alles hinter mir zu lassen, um frei sein zu wollen, kam mir jetzt unwirklich, unüberlegt, kindisch vor. Ein bisschen versuchte ich mein unüberlegtes Handeln vor mir zu entschuldigen. Ich konnte ja nicht ahnen, wie es in einem fremden Land wirklich war, wie dumm von mir, wie alleine man sich fühlte. Tränen der Einsamkeit, des Getrenntseins liefen über mein Gesicht. Ach Mutter, wo bist du?

Eine Pflegerin kam ins Zimmer und versicherte mir, das seien nur die Hormone, sie spielten gerne nach der Geburt verrückt, das gehe aber schnell wieder vorbei.

Und tatsächlich, schon am nächsten Morgen stimmte es mich nur noch traurig, dass ich mein Glück mit Mendel und meinem kleinen Sohn nicht mit meiner Familie teilen konnte.

Schon nach wenigen Tagen brachte mein Mann seine kleine Familie nach Hause. Er beobachtete alles, was mit seinem Sohn geschah. Gerne sah er zu, wenn ich das Kind stillte oder wenn es gewickelt wurde.

Schon vor seiner Geburt waren wir uns einig einen Jungen wollten wir Toni nennen, ein Mädchen Antonia. Mendels Großvater trug den Namen Antonio und Mutters Vater war auf Anton getauft worden.

Mendel trug den kleinen Toni, wenn er nachts weinte, stundenlang herum, sang ihm halblaut Lieder vor, die ich nicht kannte und ging am nächsten Tag zur Arbeit, ohne sich über den Mangel an Schlaf zu beschweren.

Dann kam die Frage der Beschneidung. Mendel erklärte mir, dass alle jüdischen Männer beschnitten seien. Er gab sich sehr viel Mühe, mir das Vorgehen und den Sinn einer solchen Beschneidung verständlich zu machen. Ich wusste nichts darüber und fand es unnötig und grausam. Wir begannen zu streiten, bis wir kein Wort mehr miteinander sprechen konnten.

Am Abend brachte Mendel einen sehr streng aussehenden, älteren Mann mit einem langen Bart und einer Kopfbedeckung, die ich auch schon bei Mendel gesehen hatte, mit.

Mit sehr gewählten Worten versuchte der Rabbi, so hatte Mendel den Besucher vorgestellt, mir die Wichtigkeit der Beschneidung im Judentum zu erklären. Für mich war es fremd und unverständlich. Der Rabbi schlug am Ende vor, Tante Judith solle kommen und mir alles noch einmal erklären.

Und Tante Judith kam. Bei einem gemütlichen Abendessen erzählte sie uns zunächst die Geschichte zweier Frauen, die sich um ein Kind stritten, weil jede behauptete, die richtige Mutter zu sein. Und als sie von König Salomon, den sie um Rat baten, das Urteil hörten, nämlich, wenn sie sich nicht einigen könnten, solle das Kind geteilt werden und jede solle eine Hälfte erhalten, gab die richtige Mutter nach, weil sie ihr Kind schützen wollte.

Nach dieser Erzählung schlug Tante Judith vor, da Toni von einer Christin geboren wurde und kein Jude sei, solle Mendel auf das Ritual verzichten und wenn wir beide einverstanden wären, sollten dem Kind sowohl die Grundlagen des jüdischen Glaubens als auch des christlichen Glaubens vermittelt werden. Sie habe sich intensiv mit solchen religiösen Fragen beschäftigt und mit ihrem Mann im Laufe ihrer Ehe die Schriften immer wieder studiert und diskutiert. Sie glaube, er hätte sich ähnlich entschieden.

Und Mendel war klug, viel klüger als ich. Er erklärte sich mit der Lösung einverstanden und Tante Judith versprach, uns bald wieder zu besuchen.

Eine unbeschwerte Zeit begann. Als Toni die ersten selbstständigen Schritte machte, nahm ich meine Arbeit teilweise wieder auf. Susa und eine liebe Nachbarin, deren Tochter Mery zwei Jahre älter war als Toni, teilten sich die Betreuung Tonis, wenn ich arbeitete. Mendel war nicht sehr glücklich über meine Entscheidung, versuchte es aber möglichst wenig zu zeigen. Meine Erklärung, ich könne bei der Arbeit die Sprache und die Gegebenheiten seines Landes noch besser kennenlernen, quittierte er mit einem schiefen Lächeln. Und Toni plapperte deutsche, englische und jiddische Worte nach und klatschte vor Freude in die Hände, wenn wir ihn lobten.

Tonis rotblonde, dichte Löckchen, die sein Gesichtchen schon bei der Geburt umrahmten, vermehrten sich in Windeseile und bald war es unmöglich, ihn zu kämmen, ohne dass er weinte. Immer wieder war ich versucht, die Haarpracht mit der Schere zu bändigen.

Aber Mendel wachte über seinen Sohn und dessen Wuschelkopf wie ein Schäferhund über seine Herde. Er habe schon auf die Beschneidung verzichtet, die Haare aber dürften Toni erst an seinem dritten Geburtstag zum ersten Mal abgeschnitten werden.

Diesmal musste ich mich nachgiebig zeigen, wollte ich Mendel nicht in seinem Stolz kränken.

Am Tag vor Tonis zweitem Geburtstag spielten die beiden Kinder in Tonis Zimmer, als ich von der Arbeit nach Hause kam. Nachdem eine Weile kein Laut aus dem Kinderzimmer zu hören war, wollte ich mich überzeugen, ob alles in Ordnung war.

Aber, oh weh, Toni saß auf seinem Kinderstühlchen und Mery beugte sich mit ernstem Gesicht über ihn, in der rechten Hand eine Schere. Die Hälfte der Lockenpracht lag bereits auf dem Boden.

Als Toni mich sah, sprang er auf und begann zu weinen und ich weinte mit ihm. Mery verkündete, er sei doch ein Junge, die Haare müssten ab, sonst könne man ja Zöpfchen flechten wie bei einem Mädchen.

Als Mendel die Wohnungstüre aufschloss, flüchtete sich Toni in meine Arme und ich hielt die Luft an. Mendels vernichtender Blick enthüllte seine augenblickliche Gemütslage, als er die Bescherung sah.

Da Mery die Haare ungleichmäßig abgeschnitten hatte, brachten wir unseren Sohn am nächsten Tag gemeinsam zum Frisör, um ihn wieder ordentlich aussehen zu lassen.

Über Mendels Lippen kam kein einziges böses Wort, aber ich verstand ihn auch so nur zu gut.

Die Nachbarin kam und entschuldigte sich schluchzend. Es täte ihr sehr leid, was ihre Tochter da angerichtet habe.

„Zum Glück wachsen die Haare ja wieder nach und bis der Junge heiratet ist sicher alles vergessen", verkündete sie mit einem um Verzeihung bittenden Lächeln.

Ein heftiger Wind entwickelt sich und lässt die Kronen der dichtstehenden alten Eichen rauschen, als sei ein Wasserfall in der Nähe. Toni ist heute auf einem Kindergeburtstag und ich habe viel Zeit nachzudenken.

Schon zwei Wochen nach Mendels Tod hatte mir sein Chef mitgeteilt, ich solle mir eine neue Wohnung suchen, unsere Wohnung sei viel zu teuer und auch zu groß für mich und das Kind. Susa bot mir an, wieder bei ihr einzuziehen, aber ich wollte unsere Freundschaft nicht zu sehr strapazieren. Toni zeigte sich als lebhaftes Kind und ich wusste, dass Susa großen Wert auf Ruhe legte. In der Nähe meines Arbeitsplatzes fand ich eine Dreizimmer-Wohnung, die nicht möbliert war. Mendels Wohnung war ursprünglich für einen Junggesellen eingerichtet. Mendel hatte, nachdem wir verheiratet waren, die Wohnung komplett mit allem, was eine kleine Familie zur Haushaltsführung benötigte, neu ausgestattet. Mit all dem konnte ich jetzt unsere kleine Wohnung neu einrichten. Nach längerem Suchen fand ich dann noch einen Platz in einer Kindertagesstätte. Somit war Toni versorgt und ich konnte wieder voll arbeiten. Das war wichtig, weil Mendel noch nicht ans Sterben gedacht hatte und wir nur das zum Leben hatten, was ich verdiente. Bei all meinen Sorgen und Problemen stand mir immer wieder die Beerdigungsgesellschaft zur Seite, um mich zu beraten oder hilfreich einzugreifen. Dankbar nahm ich die Hilfe an.

Die kleinen Alltagssorgen legten sich wie ein unsichtbarer Schleier auf meine Trauer. Trotz aller gutgemeinter Hilfe war ich allein, allein in einem fremden Land mit einem kleinen Kind. Ein Gefühl von Einsamkeit und Trostlosigkeit bemächtigte sich meiner, sobald ich Toni zu Bett gebracht hatte. Freunde und Bekannte aus der gemeinsamen Zeit mit Mendel verloren sich im Alltag. Wer wollte auch schon mit einer jungen Witwe, die noch dazu Ausländerin war, befreundet sein, sie einladen, sich um sie kümmern. Jeder hatte doch mit sich selbst zu tun.

Auch die jiddische Gemeinde tat sich zunehmend schwer im Umgang mit mir. Ihre Mitglieder lebten ihr Leben nach ihren Gesetzen und Ritualen, von denen ich kaum etwas verstand.

Und so blieb ich allein, allein mit meiner Zukunftsangst und Unsicherheit. Mendel fehlte mir so sehr.

Manchmal kam Susa vorbei, aber unsere Unbefangenheit aus der Zeit, bevor ich Mendel kennenlernte, war verflogen.

In großen Abständen kam ein Brief aus der Heimat. Ich solle doch nach Hause kommen, Vater wolle mir helfen eine gute Anstellung zu finden. Die Mutter könne sich um Toni kümmern und Paul warte jeden Tag, dass ich zurückkäme. Aber zurück in die Familie, in die Enge zu den Familienstreitereien, das konnte ich mir nicht mehr vorstellen.

Die Zeit floss wie das Plätschern eines Gebirgsbaches an uns vorbei und manchmal fühlte ich mich wie ein taub gewordenes Samenkorn in der Unendlichkeit des Universums, in das sich Mendel für immer zurückgezogen hatte.

An Tonis erstem Schultag kam Tante Judith zu Besuch. Ein bisschen gramgebeugt, aber fröhlich wie immer umarmte sie Toni und mich und erzählte, sie habe große Angst gehabt, uns zu verlieren, schließlich wären wir alles, was ihr vom

Leben und von Mendel geblieben sei. Sie wolle sich in Zukunft wieder mehr um uns kümmern, habe deshalb ihr Haus verkauft und suche jetzt etwas Passendes in unserer Nähe.

Bald schon fand sie ein geeignetes Objekt. Das Haus verfügte über drei schöne Wohnungen, die leerstanden. Nach einigen Renovierungsarbeiten zogen wir um. Tante Judith zog ins Erdgeschoss, damit ihr das tägliche Treppensteigen erspart blieb. Gemeinsam feierten wir unseren Einzug, zu dem ich auch Susa einlud. Sie war längere Zeit krank gewesen und konnte noch nicht wieder arbeiten. Und so bot ihr Tante Judith mit ihrem einfühlsamen Wesen die schöne Dachwohnung mit einer kleinen Terrasse an.

Glücklich vereint mit den Menschen, die mir lieb waren, begannen wir unseren Alltag zu organisieren, kochten gemeinsam, unternahmen Ausflüge und feierten die Feste in den Jahreszeiten gemeinsam.

Meinen Eltern schrieb ich, dass ich mich nun endgültig entschieden hätte in Seattle bleiben zu wollen, weil wir Mendel hier nahe sein konnten.

Die Zeit floss dahin wie ein träger Fluss, der bei stürmischem Wind mit ungleichen Wellen der Bewegung zu trotzen schien, um rasch wieder in seine gewohnte Trägheit zu verfallen.

Der Postbote brachte einen Brief, einen Brief von Paul, wie ich gleich an seiner kindlichen Schrift erkannte. Paul schrieb, er werde heiraten und wünsche sich so sehr, dass ich zu seiner Hochzeit käme. Paul, mein kleiner Paul will heiraten. Wie gerne wäre ich dabei. Leider war der Flug unerschwinglich. Sicher würden die Eltern versuchen, mich zum Bleiben zu überreden. Und Toni musste in die Schule.

Also schickte ich meinem Bruder die besten Glückwünsche und bat ihn zu verstehen, dass ich, nach allem was geschehen war, zur Ruhe kommen wolle. Von meinen fehlenden finanziellen Mitteln für die Reise schrieb ich nichts.

An einem gewöhnlichen Morgen fanden wir Tante Judith in ihrem Bett friedlich eingeschlafen. Wir standen herum wie Hänsel und Gretel und hatten keine Ahnung, was wir tun sollten. Sie gehörte einer kleinen christlichen Gemeinde an und der zuständige Pastor kümmerte sich um alles.

Tagelang waren wir überzeugt, dass die Türe sich öffnen würde und herein käme Tante Judith mit ihrem freundlichen, gütigen Gesicht und ihrem unvergleichlichen „Kinder, Kinder, deckt doch schon mal den Tisch, ich habe uns Kuchen mitgebracht".

Nach der Trauerfeier wurden wir zum Nachlassgericht zitiert.

Ich hatte mir schon große Sorgen gemacht, wo ich so schnell für uns eine neue Wohnung finden sollte.

Aber Tante Judith hatte vorgesorgt. Sie hatte Toni und mich als Erben eingesetzt und zur Bedingung gemacht, dass Susa die Dachwohnung behalten solle.

Jetzt hatten wir dank Tante Judith ein richtiges Dach über dem Kopf, das uns keiner mehr nehmen konnte.

Und wieder wurde es Frühling.

Tulpen in vielfältigen Farben schmückten die Wiese des Parks wie einen bunten Teppich. Verschiedenfarbige Schmetterlinge tanzten in der warmen Sonne. Bienen flogen von Blüte zu Blüte, um eifrig Nektar einzusammeln. Ein leichter, warmer Wind wehte mir um die Nase, als ich, von der Arbeit nach Hause schlendernd, den Park durchquerte.

Toni befand sich auf Klassenfahrt und so erlaubte ich mir den Luxus, auf einer Parkbank auszuruhen und meinen Gedanken nachzuhängen.

Susa befand sich auf ihrer lang geplanten Europareise. Erst jetzt begriff ich, wie sehr wir uns aneinander gewöhnt hatten. Unser Haus wirkte fast leer und verlassen ohne sie.

Toni ging täglich zum Briefkasten und erhoffte sich eine weitere Postkarte mit einer entsprechenden Briefmarke aus dem fernen Land, das er nur aus Erzählungen kannte und in dem ich geboren war.

Mir hatte man inzwischen die Leitung des Büros in der Kanzlei übertragen. Mendel wäre stolz auf mich gewesen.

Ja, Mendel. Manchmal glaubte ich ihn neben mir zu spüren, wenn ich einkaufen ging. Dann wieder kam es mir so vor, als sei alles nur ein unwirklicher Traum gewesen. Ein Traum, von dem man mir erzählt hatte, ohne dass ich selbst dabei gewesen war.

Die Jahre gingen an mir vorüber wie das langsam fließende Wasser eines trägen Flusses. Ich war dankbar, dass wir ein eigenes Dach dank Tante Judith über dem Kopf hatten, dass Toni sich prächtig entwickelte. Er war ein fröhlicher Junge, handwerklich sehr begabt und das Lernen fiel ihm leicht. Meine Arbeit machte mir Freude und die Anerkennung im Beruf tat mir gut. Nur manchmal beschlich mich eine seltsame Ahnung. Sollte mein Leben jetzt immer so aussehen? Würde ich alleine bleiben bis in den Tod? Mendels Liebe war ein großes Geschenk, viel zu rasch versank es im Nebel des Alltags ohne ihn, verschwand es, ohne dass ich es festhalten konnte.

Ganz in Gedanken versunken machte ich mich auf den Heimweg. Im Briefkasten fand sich ein Brief von Paul. Seit seiner Hochzeit hatte ich nichts mehr von ihm gehört. Mutter schrieb mir auch selten und wenn, nur Belangloses aus dem Alltag. Paul schrieb, er habe inzwischen zwei Töchter, ich sei jetzt Tante. Weiter schrieb er, dass er mich besuchen wolle, alleine ohne seine Familie. Ich solle ihm doch mitteilen, wann es mir passe.

Das Flugzeug landete pünktlich. Gespannt und auch ein bisschen verunsichert starrte ich auf die Absperrung. Paul, mein kleiner Paul würde gleich durch den Ausgang kommen.

Wie er jetzt wohl aussah? Wir hatten uns sooo lange nicht gesehen. Ob er mir verziehen hatte, dass ich ihn damals allein bei den Eltern zurück ließ?

Und da stand er auch schon vor mir. Großgewachsen, schlank, die dichten, braunen Haare brav zurückgekämmt, in einem gutsitzenden grauen Anzug und mit seinem scheuen, etwas verlegenem Lächeln, das ich nur zu gut an ihm kannte.

Als er mich entdeckt hatte, ließ er sein Gepäck fallen, rannte auf mich zu und umarmte mich, als wolle er mich nie wieder loslassen.

„Maria, meine Maria", stammelte er immer wieder mit tränenerstickter Stimme.

Zu Hause beim Kaffee schaute er mich listig an: „Na, aus dem schlanken Mädchen, das einmal meine Schwester war, ist wohl ein dauergewelltes Mütterchen geworden."

Es war mir gar nicht in den Sinn gekommen, dass ich mich auch verändert haben könnte.

Paul besichtigte staunend unsere Wohnung und den herrlichen Ausblick. Dann begann er zu erzählen und nur ganz langsam entwickelte sich wieder die altbekannte Vertrautheit zwischen uns.

Als Toni von der Schule nach Hause kam, rannte er auf Paul zu, umarmte ihn und jubelte: „Ich hab jetzt einen Onkel, ich hab jetzt einen Onkel."

Paul war ganz angetan von Tonis Herzlichkeit und versicherte uns immer wieder, wie sehr wir ihm gefehlt hätten.

Bald begann Paul zu erzählen, warum er nach Seattle gekommen sei. Unsere Großmutter väterlicherseits sei gestorben. Das stimmte mich ein bisschen traurig, ich hatte viele schöne Erinnerungen an die bei ihr verbrachten Ferien in der Kindheit.

Paul berichtete weiter, die Großmutter habe ausgerechnet ihm ihr Haus vermacht, sehr zur Verwunderung des Vaters. Er habe nun dieses Haus verkauft, um für sich und seine Familie ein neues Zuhause zu schaffen. Aber weil er gerecht sein wolle, sei er überzeugt, mir, seiner Schwester, stünde die Hälfte des Erlöses zu. Außerdem sei das überbringen des Geldes eine gute Gelegenheit, sich endlich wiederzusehen.

Unsere Mutter hatte mir nichts vom Tod der Großmutter geschrieben. Und dass Paul das Erbe mit mir teilen wollte, berührte mich zutiefst. Sicher, in Amerika wuchsen auch keine Würste auf den Bäumen, aber wir kamen durch Tante Ediths Erbe ganz gut zurecht. Und von den Eltern wusste ich, dass sie keinesfalls im Überfluss lebten und die Hinterlassenschaft der Großmutter gut brauchen könnten. So versuchte ich Paul dazu zu überreden, das Geld zu behalten oder es mit den Eltern zu teilen.

Aber Paul ließ sich nicht auf meinen Vorschlag ein. Der Vater habe die Kröte, die ihm seine Mutter zu schlucken aufgegeben habe, längst geschluckt und die Eltern hätten sich beide sehr über Pauls Vorschlag, nämlich dem Teilen des Erbes unter den Geschwistern gefreut.

Als wir am nächsten Tag gemeinsam in die Stadt gehen wollten, erkundigte sich Paul, wo denn mein Auto stehe. Mein Geständnis, dass ich kein Auto besaß, nahm er mit Verwunderung zur Kenntnis. Und schon war ein neuer Plan geboren. Paul bedrängte mich, zunächst ein Auto zu kaufen, es sei doch unmöglich, dass ich im großen Amerika, von dem alle nur das Außergewöhnliche annahmen, kein Auto besaß.

Und so fanden wir uns am nächsten Tag bei einem Autohändler wieder. Paul erklärte stolz, mit Autos kenne er sich aus, schließlich sei das sein Beruf.

Der Autohändler, ein Mann vielleicht um die vierzig, den Kopf voller rostroter, verfilzter Locken, einen ebensolchen Backenbart, breiten Schultern und einem siegessicheren Grinsen im Gesicht, schien nur Augen für mich zu haben. Selbst als er Paul verschiedene Modelle zeigte, schien er mich mit seinen Blicken verschlingen zu wollen. Während er mich weiter unverwandt anstarrte, erzählte er uns, dass er schon lange ein Auge auf mich geworfen habe, bis jetzt aber noch nicht mutig genug gewesen sei, mich anzusprechen. Er wohne in der gleichen Straße wie ich und habe auch schon einmal zufällig mit meinem Sohn gesprochen. Er wisse, dass mein Mann verstorben sei und ich mit meinem Kind alleine wäre.

Ich konnte zusehen, wie Pauls Empörung in blanke Wut umschlug. Als er mich am Arm mit sich ziehen wollte, begann ich zu zögern. Eigentlich war mir George, wie er sich uns vorgestellt hatte, gar nicht so unsympathisch. Und ich war allein, seit Mendels Tod hatte sich kein Mann mehr für mich interessiert. Es war doch nett, dass ich ihm zu gefallen schien. Also erinnerte ich Paul, dass wir uns für ein Auto entscheiden wollten. Ausgesucht höflich, aber den Blick intensiv auf mir ruhen lassend, fertigte George den Kaufvertrag aus. Bevor ich ihn unterschreiben konnte, streckte mir mein Autoverkäufer die Hand hin und versicherte mir, er lasse mir zwanzig Prozent des Kaufpreises nach, wenn ich mit ihm Kaffee trinken ginge. Außerdem gebe er mir noch zwei Jahre Garantie. Das seien sehr großzügige Zugeständnisse, schließlich sei der Wagen auch nicht mehr ganz neu.

Als Paul meine Reaktion sah und feststellte, dass ich einwilligen wollte, setzte er sich auf die Bank vor dem Autohaus und ließ mich allein.

Abends wollten wir den Kauf des Autos mit einem schönen Essen feiern. Toni hüpfte durch die Wohnung vor lauter Freude über das erworbene Auto. Susa, gerade von ihrer Europareise heimgekehrt, freute sich sehr mit uns zu feiern.

Zwischen Susa und Paul sprang sofort ein Funke über. Da Paul nicht draufgängerisch und Susa eigentlich nicht an einer Beziehung interessiert war, wie sie immer betonte, schauten sich die beiden nur heimlich und verlegen an. Susa kannte die ganze Geschichte mit Paul und mir. Sie versuchte einfach nett zu sein, um ihm die Zeit bei uns so schön wie möglich zu machen.

Am nächsten Tag musste ich wieder arbeiten und Toni ging zur Schule. Paul hatte noch zwei Tage bei uns und wollte sich noch ein bisschen die Stadt ansehen. Als ich am Abend nach Hause kam, saßen Paul und Susa gemütlich auf dem Sofa und Paul hielt ganz fest Susas Hand. Toni erkundigte sich sofort, ob die beiden jetzt heiraten würden, dann könne sein Onkel für immer hier bleiben, das wünsche er sich so sehr. Er wolle dann auch kein Geschenk zum Geburtstag oder zu Weihnachten. Susa schaute verlegen und Paul ließ vorsichtig ihre Hand los.

Dann erklärte Paul seinem Neffen, leider habe er schon eine Frau und zwei Kinder in Deutschland, die könne er nicht alleine lassen, obwohl er gerne hier bleiben würde. Toni begann zu weinen und zog sich in sein Zimmer zurück. Susa behauptete, sie sei müde und verließ mit traurigem Gesicht unsere Wohnung.

Paul und ich saßen noch lange zusammen. Paul erzählte mir von seiner ungewollten Ehe, von den Problemen zwischen unserer Mutter und seiner Frau. Er berichtete, wie enttäuscht er vom Verhalten seiner Schwiegermutter gewesen sei und dass er hoffe, noch einmal ganz neu anfangen zu können. Dass es ihm von seinem Teil des Erbes möglich sei, für sich und seine Familie ganz alleine ein neues Zuhause zu schaffen, ganz ohne Einmischungen der Eltern.

Nach dem dritten Glas Wein brach es dann aus ihm heraus. Die Eltern trauten ihm nichts zu, der Vater wisse immer alles besser, er verkünde sogar in Gegenwart anderer Leute, dass sein Sohn unfähig sei, eine Sache richtig anzupacken, faul und bequem sei er und uneinsichtig und keine Sache bringe er zu einem guten Ende. Von ihm, Paul könne man nichts erwarten, die Mutter habe ihn nur allzu oft in Schutz genommen, aus ihm werde nie ein richtiger Mann und er sei unbelehrbar. Paul schlug die Hände vors Gesicht und weinte bitterlich.

Nachdem er sich ein bisschen beruhigt hatte, sprach er weiter: „Ach Maria, ich hab dich so vermisst, ich würde so gerne hier bei dir bleiben. Ich könnte dir helfen und dich unterstützen, dann wärst du nicht mehr so alleine. Und ich könnte dir zudringliche Autohändler vom Hals halten." Er lachte und sprach weiter: „Ich glaube, Toni täte die Anwesenheit eines Onkels auch ganz gut. Deine Freundin Susa gefällt mir sehr und ich glaube, sie mag mich auch."

Und nach einer kurzen Pause: „Aber du verstehst sicher, ich möchte meine Familie, meine Kinder nicht einfach im Stich lassen und davon laufen. Am Ende hätte der Vater noch Recht, wenn er behauptet, ich sei zu nichts zu gebrauchen. Ich will, ich muss es versuchen, vielleicht wird doch noch alles gut. Und dann besucht ihr uns in Freiburg, die Eltern würden sich sicher sehr freuen."

Lange lag ich in dieser Nacht noch wach.
Es wäre sicher schön Paul hier zu haben. Aber dann wären die Eltern allein und wir könnten auch nicht rasch einmal bei ihnen vorbeischauen, wir wären beide weit, weit weg. Und vielleicht käme es wieder zu Streitereien, ich habe mich inzwischen sehr an die völlig andere Weise zu leben gewöhnt. Das würde den Eltern bestimmt nicht gefallen.

Ich muss dann doch noch eingeschlafen zu sein, denn als ich die Augen wieder öffnete, saß Paul schon am Kaffeetisch und neben ihm gepackte Koffer. Er habe Toni schon zur Schule gebracht und einen früheren Flug gebucht. Er müsse dringend nach Hause, er wolle seiner Familie zeigen, wie wichtig sie ihm sei.

Und so begleitete ich meinen kleinen Bruder zum Flughafen und verabschiedete mich mit dem mulmigen Gefühl, ihn lange nicht wieder zu sehen. Toni zeigte sich sehr enttäuscht, dass der Onkel fortgegangen war, ohne sich zu verabschieden.

Am gleichen Abend rief mich George an und lud mich zum Abendessen ein. Es wurde ein schöner Abend und der erste von vielen. George war witzig, ohne sich im Ton zu vergreifen, er spürte sofort, wenn mir etwas nicht gefiel, er bemühte sich sehr um Toni und zeigte sich in vielen Situationen großzügig. An einem Abend, als wir bei mir noch ein Glas Wein tranken, erkundigte ich mich vorsichtig nach seiner Familie.

„Meine Eltern kamen 1941 als politische Flüchtlinge nach Amerika. Sie waren polnische Adelige, die dem Hitler-Regime nicht ins Bild passten. Wie waren keine Juden, wir gehörten zu den Großgrundbesitzern, die das Land bewirtschafteten, die ein ganzes Dorf zusammenhielten, die für die Menschen, die für sie arbeiteten, auch sorgten. Meine Eltern waren gebildete Leute, die wussten, was sie taten. Und dann rückten die SS-Leute immer näher. Als die ersten Freunde der Eltern und mit ihnen alle in ihrem Dorf erschossen wurden, flohen wir. Erst nach Nordfrankreich, wo ein Bruder meines Vaters lebte. Später ergatterten wir mit sehr viel Geld eine Schiffspassage nach Amerika. Es war sehr kalt, es gab wenig zu essen und keine ärztliche Versorgung. Vater und Mutter starben an einer Lungenentzündung noch bevor wir ankamen."

Lange sagte George kein Wort mehr. Dann nahm er meine Hand und sprach mit mir wie mit einem Kind: „Weißt du jetzt, warum du mir so wichtig bist? Zunächst war ich ganz alleine in diesem großen fremden Land. Charlie, meine erste Frau, war blutjung, als wir uns kennen lernten. Sie starb bei der Geburt unseres ersten Kindes. Unsere Nachbarin, schon ein bisschen älter und ledig, kümmerte sich um das Baby. Aus Dankbarkeit und weil es sich so ergab, heiratete ich sie einige Monate später. In sechs Jahren wurde ich Vater von vier weiteren Kindern. Dolly, meine Frau, begann, wenige Wochen nach der letzten Geburt, immer mehr Alkohol zu trinken. Zum Glück kam meine Schwiegermutter und kümmerte sich um die Kinder. Als die Sucht nicht mehr zu übersehen war, kam Dolly in eine Klinik, in der sie heute noch ist. Als meine jüngste Tochter zehn Jahre alt war, ließ ich mich scheiden und meine Schwiegermutter zog mit den Kindern in einen anderen Bundesstaat. Ich schicke Geld und zu Weihnachten melden sich die Kinder manchmal. Du würdest sie alle erkennen, sie haben denselben roten Lockenkopf wie ich."

Lange schauten wir beide in unsere Weingläser und sprachen kein Wort.

„Ich habe dich sicher erschreckt mit meiner verworrenen Geschichte. Aber ich möchte, dass du weißt, wie sehr du mir gefällst, wie sehr ich dich mag. Und ich habe es satt, alleine zu sein."

George redete sich richtig in Rage und erst, als er mich lächeln sah, nahm er meine Hand und küsste sie. Das formvollendete Benehmen, ausgefeilte Höflichkeiten, grazile Handküsse, das alles kannte ich nicht und vermutete es auch nicht bei einem so grobschlächtig aussehenden Mann wie George.

Vorsichtig nahm er mein Gesicht in beide Hände und küsste mich. So zurückhaltend und scheu hatte mich nicht einmal Mendel beim ersten Mal geküsst.

Empfand er wirklich so oder war er nur ein guter Schauspieler? Ich war hin- und hergerissen und dann schmolz mein Wiederstand wie Eis in der prallen Sonne.

Vier Wochen später waren wir verheiratet. Toni zeigte sich nicht sehr begeistert, aber nachdem ich gesehen hatte, wie sehr sich George um meinen Sohn bemühte, war ich fest überzeugt, dass alles gut werden würde. George zog zu uns und Susa zog sich immer mehr zurück.

Schleichend begann sich alles um George zu drehen. Er bestimmte unseren Tagesablauf, verfügte, was wir an den Wochenenden unternahmen, bestimmte, was gekauft werden durfte und was nicht, sprach mit Tonis Lehrern und kümmerte sich einfach um alles, meist ohne dass wir seine Entscheidungen in Frage stellen konnten.

Es war auch ganz schön, nach allem was passiert war, sich um nichts kümmern, sich keine Sorgen machen zu müssen. Gelegentliches Aufbegehren von meinem Sohn versuchte ich zu beschwichtigen: „Alles braucht seine Zeit, ihr werdet euch schon aneinander gewöhnen."

Georg verkündete gerne und oft „Der Junge hatte bis jetzt keinen Vater, er braucht eine starke Hand. In der Kinderstube werden die Weichen fürs spätere Leben gestellt", und was es an ähnlichen Aussprüchen noch gab. Toni schaute mich jetzt oft mit traurigen Augen an und ich, ich fühlte mich hilflos.

Einmal, als Toni unbedingt eine Klassenfahrt mitmachen wollte, aber zuvor eine schlechte Note in Mathematik erhalten hatte, verweigerte ihm George die Zustimmung und verbot mir, dem Jungen das Geld zu geben. Toni, der eigentlich ein recht fügsames Kind war, begehrte auf, weinte und schrie und bettelte abwechselnd, ihn doch mitfahren zu lassen.

Als er gar nicht aufhören wollte, zog sein Stiefvater seinen Gürtel aus der Hose, ging mit dem Jungen ohne ein Wort in den Nebenraum und schlug ihn, bis er nur noch wimmerte. Ich war wie gelähmt, konnte nichts tun, war verzweifelt. Ich konnte meinen und Mendels Sohn nicht beschützen, George duldete keinen Widerspruch gegen seine Entscheidungen.

Plötzlich begriff ich, dass ich durch diese Heirat meine vielgepriesene Freiheit verloren hatte.

Ich wollte nur ein bisschen Glück und war dem Unglück direkt in die Arme gelaufen.

Danach zog sich George ins Schlafzimmer zurück und schaltete den Fernseher ein. Ich wollte Toni in den Arm nehmen, ihn trösten, ihm sagen, wie leid mir alles tat. Aber mein Sohn wandte sich von mir ab, ging in sein Zimmer und schloss sich ein.

Und auch als Toni älter und erwachsener wurde, stellte sich die alte Vertrautheit zwischen uns nie wieder ein. Toni blieb still und verschlossen und sprach kein unnötiges Wort mehr mit mir. Inzwischen hatte mir George längst meinen Pass weggenommen mit der Erklärung, er verwahre ihn, damit er nicht verloren ginge.

Bald spürte ich, dass ich schwanger war. Georges Freude hielt sich sehr in Grenzen.

„Wahrscheinlich wird es wieder ein Mädchen", unkte er, „als ob ich davon nicht schon genug hätte."

Als dann Billy geboren wurde, war George sehr glücklich. Er hatte nur noch Augen für seinen Sohn. Er kümmerte sich um alles, ließ ihn nicht aus den Augen und das Beste, ob Essen, Kleidung oder Spielzeug, war gerade gut genug.

Er schleppte Billy beim kleinsten Schnupfen zum Kinderarzt und stritt sich mit dem Arzt, wenn er das Gefühl hatte, das Befinden seines Sohnes werde nicht ernst genug genommen.

Für Toni wurde alles leichter, weil George sich jetzt kaum noch für ihn interessierte. Toni kam jetzt immer seltener nach Hause und ich machte mir große Sorgen.

Susa und George mochten sich von Anfang an nicht. Irgendwann zog Susa aus, obwohl sie Wohnrecht in unserem Haus hatte. Ich verlor eine enge Freundin, aber George verkündete, er sei froh, dass wir das Haus endlich für uns hätten.

Beim Einkaufen traf ich Susa zufällig wieder. Sie war nicht alleine, Toni schob den Einkaufswagen, bis sie mich beide bemerkten. Mit verschwörerischer Miene berichtete mir Susa, Toni wohne jetzt bei ihr und ich müsse mir keine Sorgen um ihn machen.

Was ich mir so sehr gewünscht hatte, nämlich wieder eine richtige Familie zu haben, hatte sich nicht erfüllt. George bestimmte unser Leben, und von der Freiheit, von der mich Mendel einst überzeugt hatte, war wenig übrig geblieben.

Nun hatte ich auch noch meinen Sohn Toni an Susa verloren. Aber es schien ihm wenigstens gut zu gehen, das machte alles ein bisschen leichter.

IV

Wilhelm

Der erste, kalte Novemberwind jagt seit Stunden dicke Wolken am trüben Himmel. Blätter in verschiedenen roten und braunen Tönen tanzen mit dem brausenden Wind, bevor sie lautlos zur Erde gleiten. Es ist noch nicht wirklich kalt, trotzdem fröstelt es mich.

Ich sitze seit Stunden auf der steinernen Bank der Bushaltestelle gegenüber unserem Haus. Rosalie, meine Frau, hat das Haus zum Einkaufen, wie es ihrer täglichen Gewohnheit entspricht, noch nicht verlassen. Sie fährt täglich in die Stadt, manchmal auch nur, um ein Stück Butter zu kaufen. Es scheint für sie ein richtiges Ritual geworden zu sein. Erst wenn sie gegangen ist, kann ich ins Haus zurück, weil sie mir vom Familienrichter das Betreten des Hauses verbieten ließ. Es ist bitter, dass ich jetzt, am Ende meines Berufslebens, beim Eintritt ins Rentner- Dasein, kurz vor meinem Geburtstag, so etwas erleben muss.

Mein Entschluss steht fest, heute gehe ich nach Hause, bevor Rosalie zurückkommt. Ich will noch einmal durch alle Räume gehen, will mich erinnern, wie alles begann, will Abschied nehmen von meiner Familie, mit der ich viele Jahre meines Lebens in diesem Haus verbracht habe. Möchte mich an all meine Wünsche und Hoffnungen zu Beginn unseres gemeinsamen Lebens erinnern. Will mich von allen Demütigungen und Kränkungen in diesem Haus lösen. Einmal selbst entscheiden, wohin mein Weg mich wann führt.

Gerade fährt der Bus los und mit ihm Rosalie. Sie war wie immer so mit sich beschäftigt, dass sie mich höchstwahrscheinlich gar nicht wahrgenommen hat. Zum Glück hat mir beim Gericht niemand den Hausschlüssel abgenommen.

Eilig schließe ich die Türe hinter mir. In der kleinen Einliegerwohnung, die Paul zuletzt mit seiner Familie bewohnte, riecht es etwas abgestanden. Hier war unser erstes kleines eigenes Zimmer. Rosalies Eltern, ihre Brüder, teilweise mit Familie, und verschiedene Verwandte, die der Krieg nach Freiburg verweht hatte, bewohnten damals die übrigen Räume.

Bevor ich mich setze, ich bin jetzt immer so müde, klettere ich auf den einzig vorhandenen Stuhl und hole aus dem alten Schrank, den ich einst aus meinem Elternhaus mitbrachte, meinen Revolver, den ich nach dem Krieg gegen alle Vorschriften, behalten hatte. Er ist noch an seinem alten Platz und fühlt sich in meiner Hand an wie ein Freund. Meine Hände zittern, vielleicht vor Kälte, ich muss mich ein wenig aufwärmen. Die letzten Tage habe ich bei einem

Cousin, der alleine lebt, verbracht. Er gab mir ein Bett und etwas zu essen, dabei stellte er keine Fragen. Ich bin ihm sehr dankbar dafür.

Ich schaue durch das trübgewordene Fenster in den Garten. Die letzten Rosen versuchen sich dem starken Wind entgegenzustellen. Die Lampionblumen leuchten im hellen Orange, als wollten sie dem beginnenden trüben Herbst trotzen. Rosalie verfügt über ein glückliches Händchen im Umgang mit Blumen und Sträuchern und sie ist unermüdlich, wenn es um den Garten geht. Wenn das neue Gartenjahr beginnt, bin ich sicher schon fast vergessen und niemand mehr wird meinen langen Schlaf stören.

Ich sehe meine Mutter, wie sie mir zuwinkt, wenn ich nach einem Besuch im Elternhaus wieder zurückfahre zu meiner eigenen Familie. Die Mutter, eine großgewachsene, stattliche Frau, die sich immer in allem, was sie sagte oder tat, sehr sicher war, die nie verstand, warum meine Wahl auf Rosalie gefallen war.

Nun ja, bei uns zu Hause galten eben andere Gesetze als in Rosalies Familie. Mein Vater war als Revierleiter der Polizeistation eine geachtete Persönlichkeit. Niemand wäre auf die Idee gekommen, Familienprobleme nach außen zu tragen oder sie gar an einer offiziellen Stelle preiszugeben. Mein Vater hatte einst ganz andere Pläne mit mir, wie er mir kurz vor seinem Tod noch anvertraute. Es war das einzige Mal gewesen, dass er mit mir so vertraulich sprach.

„Junge, mein Junge, nun bin ich am Ende meiner Tage angekommen. Ich habe immer versucht, auf dem rechten Weg zu bleiben und auch meine Familie auf diesem Weg zu begleiten. Als du geboren wurdest, war ich unendlich stolz und glücklich. Ich wollte alles tun, um aus dir einen ehrbaren Mann zu machen. Am Anfang war alles noch gut. Du zeigtest viele Begabungen und ein natürliches Gefühl für Recht und Unrecht. Gleich nach deiner erfolgreichen Lehre kam aber der Krieg und es lag nicht mehr in meiner Hand, wie dein Leben weiterging. Er hat uns allen viele Jahre unseres Lebens gestohlen, hat all unsere Hoffnungen und Möglichkeiten zerstört. Sogar ich, der sich immer für Recht und Gesetz eingesetzt hat, begann an der Obrigkeit zu zweifeln. Und dass das zu Recht geschah, zeigten die folgenden Jahre. Dass du den Krieg überlebt hast, ist für mich und deine Mutter ein großes Geschenk. Versuche aus dem, was übrig geblieben ist, das Beste zu machen."

Mit diesen Worten fiel sein Kopf zurück und er hauchte sein Leben aus.

Ach Vater, Vater wo bist du?

Ich wollte, ich hätte auch noch einmal die Gelegenheit gehabt, mit Paul wie ein Vater zu sprechen. Ihm zu sagen, dass ich versucht habe, ihn wie meinen eigenen Sohn zu sehen, zu verstehen. Dass ich nie ungerecht zu ihm sein wollte, dass er es auch verdiente, geliebt, geachtet, ernstgenommen zu werden. Ich konnte es ihm nicht sagen. Und als ich ihn um Hilfe bat, konnte er nichts tun. Ich war ihm ja auch kein gutes Vorbild.

Ja, zwischen uns steht eine unsichtbare Mauer und Rosalie. Ich habe oft versucht, die Mauer zu durchbrechen, aber es ist mir nicht gelungen. Ich weiß, dass es nicht an ihm lag. Der schreckliche Krieg hat uns alle Dinge tun lassen, und es sind furchtbare Sachen passiert, die wir nie wieder ungeschehen machen können.

Als ich den ersten Menschen fallen sah, den ich mit meinem Gewehr und dem verpflichtenden Befehl den Tod brachte, ist etwas in mir zerbrochen, mehr noch, ich starb mit ihm, für immer war mein eigenes Ich ausgelöscht. Was danach kam, war kein Leben mehr, es war ein Dasein, in dem sich jede Nacht in meinen Träumen der Tod des gegnerischen Kameraden widerholte.

Jetzt am Ende meines Weges scheint er hier zu sein, er hat mich eingeholt, er ist bei mir.

Ich konnte nie wieder unbefangen einem anderen Mensch in die Augen blicken. Es fiel mir unendlich schwer, meiner Familie nach dem Krieg ein liebender Vater und Ehemann zu sein. Einmal sprach mich, bei einem Treffen der ehemaligen Kameraden, ein Mann in meinem Alter an. Er fragte mich, ob ich verstehen könne, was mit uns geschehen ist, er habe es nicht geschafft, mit seiner Familie, seiner Frau über die Kriegserlebnisse zu sprechen. Ob es mir auch so ergangen sei und ob ich mich ebenso alleine fühlte, mit all dem Schrecklichen, was wir erlebt hätten.

Ich konnte ihm nichts erwidern. Traurig sahen wir einander an, wir Männer, von denen man erwartete, dass wir stark waren, keine Gefühle zeigten. Wortlos uns die Hände schüttelnd gingen wir auseinander.

Es war das letzte Mal, dass ich an einem solchen Treffen teilgenommen habe.

Ich gehe durch die vertraute Wohnung. Im kleinen Zimmer hängt ein leicht vergilbtes Bild, das Paul mit der Schultüte, an der Hand seiner Schwester Maria zeigt. Beide lächeln ein bisschen verlegen in die Kamera. Rosalie hatte nach dem Krieg ihre Leidenschaft fürs Fotografieren entdeckt.

Meine kleine Maria. Nun war sie schon viele Jahre in dem fernen Amerika und ich hatte sie kein einziges Mal besucht. All meine Hoffnung, sie käme wieder zurück, hat sich nicht erfüllt. Im Gegenteil. Einmal schrieb sie sogar, sie habe mit der alten Welt, wie sie es nannte, abgeschlossen, sie existiere praktisch nicht mehr, sie habe jetzt ein Leben in einer anderen Welt, in der wir nicht mehr vorkämen.

Ja, wir waren auch keine wirklich glückliche Familie. Wir hatten den Krieg überlebt und die Not schweißte uns in den ersten Jahren zusammen.

Vor meinem geistigen Auge sehe ich noch das kleine Bündel, in dem ein Baby hilflos wimmert, unsere kleine Theresia. Ich hatte mich so auf einen eigenen Sohn gefreut, als mir Rosalie von der Schwangerschaft berichtete. Obwohl sie durch die Entbehrungen des Krieges immer noch unterernährt wirkte, schonte sie sich nicht, weil sie alles tat, was ihr Vater von ihr erwartete.

Das Kind, ein Mädchen, hatte keine Kraft zum Leben. Als wir Theresia begruben, wusste ich, dass Rosalie und ich uns für immer verloren hatten. Ich bin nicht sehr gläubig, aber vielleicht gibt es doch einen Himmel und wir sehen uns wieder.

Rosalies Vater bestimmte unseren Alltag und meine Frau tat alles, was er wollte. Wir hatten keine Chance eine richtige Familie zu werden. Wir stritten uns, versöhnten uns aber nicht wieder. Manchmal gingen wir viele Wochen wortlos nebeneinander her, bis es sich im Alltag nicht vermeiden ließ, wieder miteinander zu sprechen. Wir lebten sparsam, um nicht zu sagen spartanisch, alles war immer darauf ausgerichtet, zu sparen, um zu erhalten, was der Krieg übrig gelassen hatte. Das mühevoll wieder aufgebaute Haus verschlang unsere ganze Kraft. Allein an kleine Annehmlichkeiten zu denken, galt in den Augen meines Schwiegervaters und seiner Tochter schon als Verbrechen.

Später, nachdem Rosalies Vater verstorben war, sah sie es als sein Vermächtnis an, alles weiterhin in seinem Sinne zu entscheiden.

Als ich ihr vorschlug, wenn ich erst in Rente sei, von dem ersparten Geld einen kleinen Wohnwagen zu kaufen, um mit ihr gemeinsam endlich einmal Ferien zu machen, schrie sie eifersüchtig und böse, ich wolle mich nur hervortun, damit ich für andere, nichtsnutzige Weibsbilder, wie sie es nannte, interessant wäre, nachdem sie all die Jahre das Geld zusammengehalten habe. Ich war sehr enttäuscht, obwohl ich sie gut verstand. Erst der Krieg, die Sorge um die Mutter, Rosalies dominierender Vater, die schlimme Sache mit Paul, die einsamen Jahre, in denen die ganze Verantwortung auf ihr lastete und dann ging auch noch Maria für immer fort.

Nach all den Jahren war das kleine Pflänzchen Zuneigung, das am Anfang unserer Ehe entstanden war, jämmerlich verdorrt. Es jetzt noch einmal mit fürsorglichem Gießen zum Leben zu erwecken, schien aussichtslos. Und weil wir auch schon so viele Jahre wie Fremde nebeneinander schliefen, unterstellte mir Rosalie hasserfüllt, ich suchte mein Vergnügen bei anderen Weibern, wie sie mir oft ins Gesicht schrie. Dass sie dann aber bei Gericht angab, ich versuchte sie ständig zu vergewaltigen, gab mir den Rest.

Hier hat alles begonnen, hier will ich es auch, wenn ich es kann, beenden.

Ich muss ein bisschen eingeschlafen sein. Rosalie kommt zurück, ich höre, wie sich der Schlüssel im Schloss dreht …

V

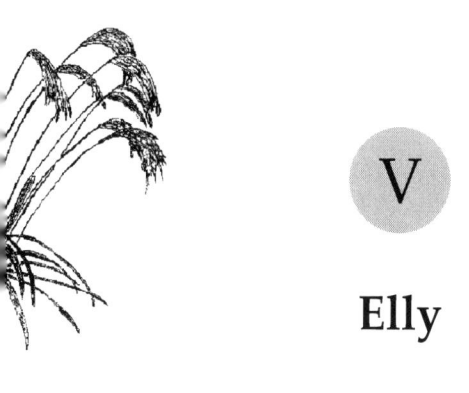

Elly

Es ist Sonntag, Frühling, die Apfelbäume stehen in voller Blüte. Eigentlich wollten wir spazieren gehen. Stattdessen ist Paul mit dem Auto einfach weggefahren.

Ich stehe am Fenster, atme die warme, nach Blüten duftende Luft ein. Der weiche Wind umschmeichelt mein Gesicht, alles könnte schön sein, es ist schön, aber …

Seit einigen Wochen wohne ich jetzt schon hier, bei Paul, in seinem Haus, das er eigentlich für sich und seine Familie erworben und renoviert hat.

Inzwischen nagen große Zweifel an meinem Entschluss. War es richtig? War mir bewusst, auf was ich mich einlasse? Will ich das wirklich?

Vielleicht bin ich wieder einmal in meine eigene Falle getappt. Ganz sicher sogar, wie mir scheint. Einem Menschen zu begegnen, ihm zuzuhören, ihn verstehen zu wollen, ihm Aufmerksamkeit zu schenken, sich auf ihn einzulassen, einfach dem nicht zu bremsenden Wunsch nachzugeben, ihm tatkräftig helfen zu wollen, alle Bedenken über Bord zu werfen, das bin ich. Einige Male habe ich mir selbst im Leben schon ein Bein gestellt und bin kräftig darüber gestolpert.

Immer wieder passiert es mir, dass ich einen Menschen treffe, ihm zuhöre, ihn verstehe, spüre, was in ihm vorgeht, um dann für das, was ihm nicht so gut gelungen ist, für Situationen, die ich ganz klar als sein Fehlverhalten erkenne, Verständnis zu empfinden, meine Hand auszustrecken, Entschuldigungen für diesen Menschen zu finden, die in meiner Brust zu wachsen scheinen, wie das Gras nach einem warmen Frühlingsregen, das scheint immer mir zu passieren. Dabei ist es ganz gleichgültig, ob es sich um Männlein oder Weiblein handelt. Es fällt mir eben leicht, sozusagen ohne nachdenken zu müssen, einem Mensch, der scheinbar zu ertrinken droht, den Kopf hochzuhalten, damit ihm kein Wasser in den Mund laufen kann.

Wir hatten uns beim Tanzen kennengelernt. Der Abend war ohne Höhen und Tiefen verlaufen. Es war schon spät und ich hatte gerade beschlossen nach Hause zu gehen. Seit ich wieder alleine war, zog es mich gelegentlich in das kleine Tanzlokal, in dem man sich, ganz ohne Hintergedanken, ein bisschen amüsieren konnte. Die Musik entsprach meiner Altersgruppe und manchmal fand sich sogar ein geübter Tänzer, es ergab sich ein interessantes Gespräch oder der Abend endete in einer wunderbaren Umarmung, manchmal auch ein bisschen enttäuschend. Alles ganz unverbindlich und ohne Auswirkungen auf den Alltag, das war mir ganz wichtig.

Ich hatte mir angewöhnt, immer erst die Atmosphäre auf mich wirken zu lassen, die Menschen um mich herum zu beobachten, vor allem die Männer. Mit erfahrenem Blick zu erkennen, wer gut tanzen konnte und wer ohne feste Partnerin anwesend war. Dann nahm ich zwei manchmal auch drei männliche Exemplare in näheren Augenschein und stand auf, um die Nummer eins zum Tanz aufzufordern. Sollte dieser meinen Wunsch ablehnen, so war ich wild entschlossen, sofort ohne Scheu auf Nummer zwei zuzugehen. Und wenn ich zurückblicke, stelle ich fest, sehr selten musste ich Nummer zwei bemühen.

Ich war keine Frau, die warten konnte oder wollte, ob sich irgendein Wesen der männlichen Gattung für mich interessierte. Ich war daran gewöhnt, dass die Männer mir nicht nachpfiffen, sich nicht nach mir umdrehten, obwohl ich mir ein Leben ohne Männer nicht vorstellen kann. Schon früh in meinem Dasein als Frau war mir das bewusst geworden. Und diese Erkenntnis hatte mich zum Jäger und nicht zum gejagten Wild werden lassen. Ich entschied, auf wen ich zugehen wollte, mit wem ich mich unterhalten oder mit wem ich tanzen wollte und eben manchmal auch ein bisschen mehr.

An diesem Abend fehlte mir die rechte Lust, bis jetzt war mir kein lohnendes Objekt aufgefallen. Plötzlich stand ein Mann vor mir, streckte seine Arme aus, um mich beim Aufstehen zum Tanzen schon leicht zu umfangen, noch bevor er mich mit Worten auffordern konnte. Überrascht sah ich sein leichtes Lächeln und folgte ihm ohne zu zögern auf die Tanzfläche. Er erwies sich als ausgezeichneter Tänzer, und wir bewegten uns schwerelos zu den herrlichsten Melodien durch den Saal. In der Pause stellte sich mein Tänzer formvollendet vor: „Ich bin Paul. Sie sehen sehr schön aus in dem schwarzen Chiffonkleid."

Paul war einen Kopf größer als ich, schlank, dunkelbraune Haare, graugrüne Augen, glattrasiertes, erfahrenes Gesicht, angenehm duftendes After Shave. Etwa in meinem Alter, sein sportlich gepflegtes Äußeres wirkte vertrauenserweckend.

Und schon befanden wir uns wieder auf der Tanzfläche.

In der nächsten Pause überraschte mich mein Tänzer mit zwei Gläsern Sekt und genüsslich setzte er sich neben mich.

„Ich wette", begann er mit Überzeugung in der Stimme, „Sie sind Sozialarbeiterin, da kann mir ja nichts passieren." Dabei lachte er spitzbübisch und sah mich von der Seite an.

Ich war ein bisschen verwirrt. Wieso Sozialarbeiterin, was sollte das denn heißen?

Und schon quollen die Worte wie ein Sturzbach aus seinem Mund: „Ich suche nämlich eine Frau, die mich versteht, genauer gesagt, eine Frau, die meine Situation versteht. Meist suchen die Frauen, die mir begegnen einen Mann, der sie ernähren kann, aber das kann ich nicht. Ich bin geschieden und muss für meine Kinder und meine geschiedene Frau sehr viel Unterhalt aufbringen. Das hat der Familienrichter bei der Scheidung so festgelegt. Und so kann ich mir keine Frau leisten. Verstehen sie meine Situation? Ich will nicht alleine bleiben, aber ich habe einfach keine Chance mehr."

Verständnislos sah ich diesen erwachsenen Mann an, der wie ein großes Kind sein Leben preisgab, ohne sein Gegenüber zu kennen.

Als ich ihm versicherte, ich könne ihn gut verstehen, nahm er mich bei der Hand, um sich mit mir wieder zu den einschmeichelnden Melodien zu drehen.

In der nächsten Pause stand ich rasch auf, um mich zu verabschieden.

Mein Tänzer begleitete mich zum Ausgang, und ehe ich es ahnen konnte, küsste er mich besitzergreifend auf den Mund und verschwand in der Dunkelheit. Überrascht, aber auch müde stieg ich in mein Auto.

Und wieder war es Samstagabend. Eine anstrengende Woche lag hinter mir. Als Abteilungsleiterin einer renommierten Versicherung kümmerte ich mich um die Vollständigkeit lukrativerer Vertragsabschlüsse meiner Mitarbeiter. Gelegentlich besuchte ich noch problematische Großkunden vor Ort. In der Chefetage behauptete man, ich hätte ein Händchen dafür. Heute war es mir wieder einmal gelungen, nach einem mehrstündigen Konfliktgespräch, einen dieser Kunden zu besänftigen.

Um meinen Erfolg zu feiern und das bevorstehende Wochenende zu beginnen, besuchte ich mein kleines Tanzlokal, das auf meinem Nachhauseweg lag.

An Paul hatte ich seit dem Abend nicht mehr gedacht.

Plötzlich stand er hinter mir mit einem Glas Sekt und behauptete, er hielte das Glas schon den ganzen Abend in der Hand, weil er sicher gewesen sei, ich werde auftauchen. Außerdem wisse er, dass alle Frauen am liebsten Sekt tranken.

Ich war ein bisschen enttäuscht, was sollte das bedeuten, *alle Frauen*? Ich war nicht *alle*, nicht die Masse, ich hasste Verallgemeinerungen.

Wir fanden an diesem Abend kaum Zeit zum Tanzen. Paul erzählte mir ausschweifend und ohne Scheu sein ganzes Leben. Und ich spürte, wie meine anfängliche Verstimmung schwand und meine Sympathie für diesen vom Leben so angeschlagenen Mann wuchs.

Er sei jetzt ganz alleine in dem Haus, das er nur für sich und seine Familie gekauft und bewohnbar gemacht habe. Es bleibe ihm deshalb auch nur sehr wenig Geld zum Leben. Er sei bei einer Behörde angestellt, aber sein Einkommen bewege sich in der unteren Gehaltsklasse. Immer wieder sei ihm von seinem Chef die Teilnahme an Lehrgängen angeboten worden, um durch eine verantwortungsvollere Leistung auch Anspruch auf ein höheres Gehalt zu haben. Dadurch wäre es möglich seine wirtschaftliche Lage verbessern zu können, aber er halte nichts vom Lernen aus Büchern. Er kenne viele Leute, berichtete er mir freimütig, die durch Abitur und Studium in Positionen seien, die gut bezahlt würden, ohne dass sie dafür auch Leistung brächten. Zu denen gehöre er nicht. Er sei Automechaniker, Arbeiter, und dabei bleibe er auch. Den Posten im Amt habe er nach längerer Arbeitslosigkeit durch einen Verwandten bekommen, aber eigentlich sei das nicht seine Welt.

Ich spürte, wie unzufrieden, ja unglücklich Paul war und versuchte ihn zu trösten, ihm mit meinem Lebensmotto Mut zu machen. Er sei doch noch jung, er sei gescheit und wenn er es wirklich wolle, könne er alles ändern.

Als wir uns trennten, bat mich Paul, ihn doch zu besuchen, er wolle mir so gerne sein Haus zeigen und gab mir seine Telefonnummer.

Ich war nicht auf der Suche nach einer festen Verbindung. Mein langjähriger Freund war einem lukrativen Angebot seiner Firma ins Ausland gefolgt und hatte vorher noch überraschend schnell unsere Beziehung beendet.

Und ich, ich wollte mein Leben nicht wieder von den Kapriolen eines Mannes abhängig machen, ich wollte frei sein. Warum sollte ich Paul nicht besuchen? Ein bisschen neugierig war ich natürlich auch, nachdem was er mir alles erzählt hatte, und so rief ich ihn einige Tage später an. Er schien sich sehr zu freuen und versprach eifrig, er wolle Feuer in seinem Kamin anzünden, damit es schön gemütlich wäre, jetzt im Frühling könnte es am Abend immer noch sehr kühl werden.

In Geografie war ich noch nie gut, Paul wohnte in einem großen Straßendorf außerhalb Freiburgs, von dem ich, obwohl ich viel unterwegs war, noch nie gehört hatte. Und so verspätete ich mich ein bisschen. Paul schien schon gewartet zu haben und freute sich sehr über mein Kommen.

Das zweigeschossige Haus aus roten Ziegelsteinen mit einem schönen Innenhof und einem kleinen Garten entsprach ganz den Schilderungen von Paul. Im offenen Kamin züngelten gelblich rote Flammen und Paul schob mich vom Wohnraum in die kleine Küchenzeile. Eilig brachte er mir einen Topf mit erkalteten, ungeschälten Pellkartoffeln und bettelte mit kindlicher Stimme: „Du kannst doch bestimmt Kartoffelbrei machen, den esse ich so gerne und in der Kantine gibt es ihn selten."

Ungläubig schüttle ich den Kopf und schaue ich ihn an. „Paul, aus kalten, gekochten Kartoffeln lässt sich kein Kartoffelbrei herstellen, das tut mir leid. Aber wir könnten Bratkartoffel daraus machen und wenn du noch ein Ei besitzt, gibt es ein richtiges Abendessen."

Kochen war, neben vielen anderen Dingen, meine Lieblingsbeschäftigung und ich aß gerne. Dass dieser nette Mensch sich so nach Kartoffelbrei sehnte, rührte mich zutiefst. Genüsslich saßen wir an seiner selbstgebauten Theke und verspeisten unser einfaches Mahl.

Paul überraschte mich dann doch noch mit einer halbvollen Flasche Weißwein. Dabei erzählte er mir ernsthaft, er habe sich vorgenommen, keinen Alkohol mehr zu trinken, aber heute sei ja ein ganz besonderer Tag. Genau seit einer Woche habe er seinen Führerschein wieder, nachdem ihn diese Unmenschen von Polizisten mitgenommen hätten. Paul lächelte verlegen, während er weiter erzählte.

Eigentlich sei Karin an allem schuld gewesen. Sie sei sehr nett, hübsch und genau sein Typ gewesen. Beim Tanzen habe sie sich leicht wie eine Feder angefühlt. Immer wieder habe er sich vorgenommen, sie zu küssen, aber irgendwie sei immer etwas dazwischen gekommen. Dann, vor genau zwölf Monaten, habe er seinen ganzen Mut zusammen genommen, nach dem ersten Tanz einen Boxbeutel bestellt und wollte mit dieser Frau anstoßen und sich ihr erklären. Als er aufstand, um sie zum Tanz zu holen, habe er gesehen, wie sie mit einem anderen Kerl Arm in Arm das Lokal verlassen habe. Er habe diesen Mann schon oft beobachtet, wie er immer wieder mit anderen Frauen das Lokal verlies. Und das alles nur, weil er, Paul zu lange gezögert habe, Karin einzuladen, sie zu küssen, um ihr zu zeigen, wie viel ihm an ihr lag.

Danach habe er den Wein alleine getrunken, noch einen zweiten bestellt und auf dem Heimweg seinen Führerschein verloren. Der Richter habe kein Mitleid gezeigt, es sei zwar nichts passiert, aber mit drei Promille sei er eine ernstzunehmende Gefahr im Straßenverkehr gewesen. Das Bußgeld und die Wiederbeschaffung seines Führerscheines, dazu der Spott seiner Arbeitskollegen, sowie meist zu Fuß gehen zu müssen, habe ihn in den letzten Monaten oft an Selbstmord denken lassen.

Paul schaute versonnen in die Glut des Feuers ohne ein weiteres Wort zu sprechen. Und mir fiel auch nichts Gescheites ein.

Als ich schon gehen wollte, sprang Paul auf, nahm mich fest in seine Arme, küsste mich liebevoll und stammelte immer wieder: „Jetzt bist ja du da, meine verständige Sozialarbeiterin, jetzt kann mir nichts mehr passieren."

Schon am darauffolgenden Wochenende bat Paul mich wiederzukommen. Voll bepackt mit Lebensmitteln stand ich vor seiner Türe. Zunächst schien er sich auch sehr über meinen Besuch zu freuen. Aber als er sah, was ich alles eingekauft hatte, um etwas Feines zu kochen, wie ich ihm unbefangen erzählte, begann er zu schimpfen. Er wolle das nicht, er brauche keine Almosen, er habe keinen Hunger, ich solle ihn in Ruhe lassen. Dabei griff er nach seinem Autoschlüssel und die Türe fiel hinter ihm ins Schloss. Wie versteinert stand ich da, ich hatte mich so auf den Abend gefreut, aufs gemeinsame Kochen, aufs gemeinsame Essen.

Wie betäubt fuhr ich nach Hause, legte mich in die Badewanne und versuchte, Paul und seine Geschichte bei einigen Gläsern Rotwein zu vergessen.

Nach zwei Wochen stand Paul plötzlich in meinem Büro. Er habe die ganze Zeit nach mir gesucht und wolle sich entschuldigen. Er tue immer das Falsche, sei ungeschickt im Umgang mit Frauen und wisse eigentlich gar nicht, warum ich nicht mehr zum Tanzen gekommen sei, erklärte er mir bei einer Tasse Kaffee. Verlegen mit seinem Autoschlüssel spielend, sah er mich von der Seite an.

Dieses große Kind, was hatte ich mir da nur angelacht? Mit ernster Miene erklärte ich ihm, dass ich Unhöflichkeiten und schlechtes Benehmen nicht leiden könne.

„Außerdem hatte ich mich so auf das Kochen mit dir gefreut, und dann das."

Paul begann noch einmal mir zu erklären, er brauche niemanden, keine Almosen und auch kein Essen, er käme ganz gut alleine zurecht.

„Und warum bist du dann hier?", konnte ich mir nicht verkneifen zu fragen.

„Wenn mir schon einmal eine Frau wie du begegnet und zuhört, kann ich sie doch unmöglich wieder gehen lassen."

Und weil ich ins Büro zurück musste, verabredeten wir uns für den Abend zum Tanzen.

In den Pausen erzählte Paul wieder von seinem Leben, wie er die Arbeit im Büro hasse, dass er sich heute wieder einmal mit seiner geschiedenen Frau am Telefon gestritten habe, sie verlange noch mehr Unterhalt und seine Klagen nahmen kein Ende. Dazwischen tanzten wir und ich überlegte fieberhaft, wie ich aus dieser Situation wieder herauskommen könnte.

Weit nach Mitternacht, als wir uns verabschiedeten, bat Paul mich, ihn doch am Wochenende zu besuchen. Wir könnten spazieren gehen, vielleicht doch etwas kochen und uns besser kennen lernen.

Spazieren gehen war nicht meine Stärke und so versuchte ich mich zunächst mit Ausreden. Ich müsse am Wochenende noch einiges aufarbeiten, bräuchte wieder einmal ein bisschen Zeit für mich und so weiter. Außerdem verspürte ich keine Lust auf so einen verdorbenen Abend wie bei meinem ersten Versuch, mit Paul zu kochen.

Aber Paul bettelte mit unendlicher Geduld und hörte gar nicht wieder auf. Und so gab ich nach langem Zögern doch wieder nach.

Mit Rücksicht auf Pauls Befindlichkeit bezüglich empfundener Almosen, ließ ich meine Einkäufe im Auto, um erst einmal abzuwarten, wie sich der Nachmittag entwickelte. Paul schien sich über mein Kommen sehr zu freuen. Er nahm mich bei der Hand und verkündete, er wolle mir die schöne Umgebung zeigen. Weil ich ihn nicht enttäuschen wollte, erwähnte ich nichts von meiner fehlenden Begeisterung fürs Spazierengehen. Unser Weg führte uns durch einen dicht bewachsenen Tannenwald, vorbei an einer herrlich duftenden Blumenwiese.

Als wir in einen mit Reben bewachsenen Hang einbogen, erkundigte ich mich vorsichtig, wo denn das kleine Kaffee sei, in dem wir den Nachmittag genießen wollten.

Paul erwiderte mit strenger Miene, er sei mit seinen Eltern als Kind am Sonntag den ganzen Nachmittag spazieren gegangen. Ich solle mich ruhig ein bisschen anstrengen, das könne nicht schaden.

Und so schleppte ich mich die nächste Stunde ein bisschen freudlos dahin.

Zu Hause kochte ich Kaffee und Paul verkündete mit leichtem Bedauern in der Stimme, leider habe er keinen Kuchen, aber es müsse auch einmal ohne gehen, man könne nicht immer alles haben.

Als ich dann den Kuchen aus dem Auto holte, begann Paul sofort genüsslich zu essen, ungeachtet seiner vorherigen Rede vom scheinbaren Verzicht.

Ich versuchte mir ein Bild zu machen, das einerseits einen netten, liebenswerten, aber auch sehr vom Leben enttäuschten Menschen zeigte, der sich zu freuen schien, mich getroffen zu haben. Und andererseits zeigte sich mir ein Mensch, der aus dem Nichts unhöflich und unfreundlich sein konnte, der nicht spürte, oder es nicht spüren wollte, dass es in so einem frühen Stadium des Kennenlernens keinesfalls förderlich war, den Anderen vor den Kopf zu stoßen.

In den folgenden Tagen ertappte ich mich immer wieder dabei, wie ich angestrengt nach einer plausiblen Erklärung suchte.

Als Paul sich am Telefon mit mir verabreden wollte, lehnte ich freundlich aber bestimmt ab. Die Arbeit lasse mir keine Zeit für private Unternehmungen. Paul wirkte enttäuscht, legte aber ohne ein weiteres Wort auf.

Ich war richtig erleichtert. Offensichtlich war es mir gelungen, im letzten Augenblick die Notbremse zu ziehen. Aus schmerzlicher Erfahrung wusste ich, dass man sich mit jedem Treffen in einer entstehenden Beziehung weiter verstrickte. Und schnell ist die Freiheit dahin.

Wochen vergingen. Ich arbeitete viel, war erfolgreich und tat am Feierabend, wozu ich Lust hatte. Ein bisschen erleichtert war ich auch.

Nur in mein kleines Tanzlokal traute ich mich nicht mehr, ich hasste Begegnungen, die zum Scheitern bestimmt waren.

Ich stand an der Konzertkasse und bemühte mich erfolglos um eine Karte für eine Sängerin, die ich sehr gerne mag. Mit ihren langen, leuchtend roten Haaren, ihrer rauchigen Stimme und dem unvergessenen Lied *„Ich hab keine Angst"* hat sich die Sängerin *Milva* unauslöschlich in mein Herz gegraben.

Enttäuscht schlenderte ich ohne Eile zu meinem Auto zurück. Auf der anderen Straßenseite winkte mir jemand zu, es war Paul. Eilig kam er auf mich zu.

„Was machst du denn hier?", formten wir wie aus einem Mund unsere gegenseitige Frage.

Paul berichtete mir mit stockender Stimme, er habe in den letzten Tagen überall nach mir Ausschau gehalten, mich aber nirgends entdecken können. Am Telefon sei immer nur der Anrufbeantworter zu hören gewesen und meine Wohnungsadresse hätte ich ihm ja bis jetzt verschwiegen.

„Aber allem Anschein nach sind wir dazu bestimmt, uns wieder zu begegnen", berichtete er mir mit strahlendem Lächeln. Wir tranken gemeinsam einen Kaffee und sprachen über belanglose Dinge.

Bevor wir uns trennten, bettelte Paul um ein abendliches Treffen in unserem Tanzlokal.

Ich verspätete mich ein bisschen und Paul hielt erwartungsvoll lächelnd zwei Konzertkarten für *Milva* hoch.

Nun war ich doch ehrlich überrascht. Zum Einen, dass er mir anscheinend aufmerksam zugehört hatte und dass er bereit war, so viel Geld für mich auszugeben. Trotzdem freute ich mich sehr und war gleichzeitig auch ein bisschen beschämt von seiner Großzügigkeit.

An diesem Abend tanzten wir fast ohne Pause. Paul war auch nicht so redefreudig wie an den vorangegangenen gemeinsamen Abenden.

Als die Musiker ihre Instrumente einpackten, schaute er mich ein bisschen ängstlich von der

Seite an: „Kannst du dir vorstellen, heute bei mir zu übernachten?", brach er mühsam sein Schweigen und versuchte dabei, an mir vorbeizuschauen.

Ich war ein bisschen überrascht, bis jetzt gab es keinerlei Anzeichen, dass Paul mehr wollte als einen Menschen, dem er sein Leid klagen konnte, eine Begleitung beim Spazierengehen und gelegentlich eine Schüssel mit Kartoffelpüree, eben eine Sozialarbeiterin.

Da waren auch noch seine Küsse, aber die schien er je nach Stimmung zu verteilen, ohne mehr dabei spüren zu lassen.

Und ich, ich hatte auch keine rechte Lust, unserem eigenartigen Verhältnis mehr Intimität zu geben. Zudem entsprach Pauls äußere Erscheinung auch gar nicht einem Mann, bei dessen Anblick mein Herz höher schlug. Noch viel weniger wollte ich den Part der Sozialarbeiterin erfüllen.

Etwas verlegen schauten wir uns an, als im Tanzsaal langsam die Lichter ausgingen.

Paul nahm meine Hand und hielt sie sehr fest, als wir dem Ausgang zugingen. Mit brüchiger Stimme schlug er vor: „Ich habe mein Auto gleich um die Ecke stehen, du könntest hinter mir herfahren, damit du dich nicht wieder verirrst. Bitte, bitte komm doch mit, nur heute, ich fühle mich immer so alleine, wenn ich nach Hause komme in das leere Haus."

Da war es wieder, das Gefühl nicht nein sagen zu können. Dem Anderen in seiner Not nicht auch noch einen Korb geben zu können. Was ich wollte, was mir wichtig war, das hatte hier keinen Platz. Meine eigenen Vorstellungen und Wünsche konnte ich später ausleben, aber mich von diesem bekümmerten Menschen abwenden, das konnte ich nicht.

Und so, von einem leicht verlegenen Mann geführt, fanden wir uns in seinem Schlafzimmer wieder. Paul versuchte die Situation zu überspielen: „Ich lasse das Licht aus, dann brauchst du dich beim Ausziehen nicht zu schämen."

„Wieso schämen?", schoss es mir durch den Kopf, ich schämte mich nie, warum auch? Und schon lagen wir nebeneinander.

Paul begann mich ein bisschen ungeschickt zu streicheln und ich ließ es geschehen. Nach den wenigen Erfahrungen mit ihm, beim Kochen und beim Spazierengehen, war ich mir nicht sicher, wie Paul, ganz gleich, was ich tun würde, reagieren könnte, und deshalb tat ich nichts.

Und Paul wirkte so vertieft in sein eigenes Erleben, dass er mich völlig zu vergessen schien. Lautlos versuchte er, meinen Körper in die für ihn anscheinend gewünschte Lage zu bringen, um in mich eindringen zu können. Plötzlich ließ er mich los und ließ sich schwer atmend neben mich fallen.

„Der verdammte Krampf in meinem Bein, immer wenn ich mich anstrenge und die Zehen anziehe, packt er mich."

Und mit einem Male fiel alle Anstrengung von ihm ab, er drehte sich zu mir und lachte verlegen: „Jetzt bist du ganz umsonst mitgekommen und bestimmt enttäuscht, aber so nebeneinander zu liegen, ist doch auch ganz schön." Und im nächsten Augenblick war er eingeschlafen.

Wie konnte ich mich nur in eine so unmögliche Situation bringen? Mir war doch von Anfang an klar, dass mit diesem vom Leben angeschlagenen Menschen wahrscheinlich keine befriedigende oder gar lustvolle körperliche Beziehung möglich sein würde. Lautlos zog ich mich an und verließ den tief schlafenden Mann.

In den folgenden Wochen tat ich, wozu ich Lust hatte. In den ersten Tagen einer neuen Woche arbeitete ich bis tief in die Nacht hinein, um dann, wenn mein von mir selbst gesetztes Ziel erreicht war, am Donnerstag schon das Wochenende beginnen zu können. Ich ging zum Schwimmen, radelte an der Dreisam entlang, suchte mir eine gemütliche Ausflugsterrasse zum Kaffeetrinken und begab mich zum kleinen Abendessen in die Taverne am Rande der Stadt.

Glücklich und zufrieden verging die Zeit, bis mein Auto an einem Samstagabend direkt vor dem Tanzlokal zum Stehen kam. Ja, unser Unbewusstsein spielt uns eben so manchen Streich. Warum sollte ich nicht auch wieder einmal zum Tanzen gehen? Ich wusste doch sonst immer, was ich wollte und was nicht. Träfe ich Paul wirklich noch einmal, so würde ich im unmissverständlich klar machen, ich sei nicht mehr interessiert und wolle in Ruhe gelassen werden.

Gute Vorsätze sind wichtig, aber die Wirklichkeit sieht anders aus.

Paul saß am Tresen und starrte vor sich hin. Als er mich sah, sprang er auf, riss dabei den Barhocker um und umarmte mich heftig.

„Wo warst du denn? Ich hab' dich überall gesucht. Ich weiß, ich habe alles falsch gemacht, lass es uns bitte, bitte neu versuchen", bettelte er mit trauriger Stimme.

Und während wir tanzten: „Wahrscheinlich denkst du, ich hätte kein Benehmen und wüsste nicht, was sich gehört, aber das stimmt nicht, ich bin nur voller Sehnsucht, und dann scheine ich nicht mehr zu wissen, was ich tue."

Als der Abend nach vielen Tanzrunden zu Ende ging, nahm Paul mich am Arm.

„Du musst dein Auto stehen lassen, ich will dir ein schönes Plätzchen am Ufer der Dreisam zeigen. Es wird dir bestimmt gefallen."

Die Nacht war lau, inzwischen hatte der Sommer Einzug gehalten. Paul hatte, ohne dass ich es bemerkte, eine Decke mitgenommen. Im Stehen begann er mich zu küssen, wie beim Abschied am ersten Abend. Langsam sanken wir auf die Decke und Paul begann mich mit geübten Händen auszuziehen. Liebevoll umarmte er mich, und mit einer Zärtlichkeit, die ich keinesfalls bei ihm vermutete, küssend, um offensichtlich jeden Widerspruch zu ersticken, steigerte er meine Bereitschaft, ihn mit aller Kraft in mir aufzunehmen. Ich vergaß, wo wir waren, sah am Ende nur noch die Sterne am klaren Himmel und fühlte mich eingehüllt in eine nicht enden wollende Zärtlichkeit.

Unglaublich, dieser Mensch war voller Überraschungen und mein Vorsatz, mich nicht wieder auf ihn einzulassen, zerplatzte wie eine Seifenblase.

Auch viele Jahre später erlebte ich ihn immer noch als zärtlich erfahrenen Liebhaber, dem in solchen Situationen, die er allerdings ohne Kompromisse immer selbst bestimmte, nie ein falsches Wort oder eine unpassende Geste entschlüpfte.

Und immer wiederholten sich die gleichen Situationen. Zog ich mich zurück, hielt Abstand, zeigte mich uninteressiert, war nicht erreichbar, so setzte Paul alle Hebel in Bewegung, entwickelte ungeahnte Energien, um mich zu treffen, mit mir zu tanzen, spazieren zu gehen, zu kochen oder auch gemeinsam in seinem Schlafzimmer zu landen.

Aber immer, wenn ich an nichts Böses dachte, versuchte, einer Situation ein bisschen Normalität abzugewinnen oder mich manchmal sogar für Augenblicke wohlzufühlen begann, stieß er mich vor den Kopf. Aus heiterem Himmel zeigte er sich unhöflich, schimpfte über meine, von ihm so empfundene, Gelassenheit, zum Beispiel, wenn es regnete und er einen Ausflug mit mir geplant hatte. Verkündete dann, ich hätte keine Ahnung von der Welt, sei gutgläubig im Umgang mit anderen Menschen, zu großzügig, was Geld beträfe und von Politik verstünde ich schon gar nichts. Dann begann er über Amerika zu schimpfen und wie schwer es seine Schwester in den ersten Jahren dort gehabt habe. Und dann weiter, Frauen wollten immer nur versorgt sein, sich nicht anstrengen müssen und der Mann könne sich abstrampeln, wie er wollte, es sei nie genug.

Nach solchen Eskalationen zog ich mich stillschweigend zurück. Paul schien das gar nicht zu bemerken. Die darauffolgenden Wochen zermarterte ich mir das Gehirn mit dem Wörtchen „warum" …

Schon als Kind war ich ungeheuer neugierig, zu erfahren, warum etwas geschah. Früh merkte ich, wenn ich etwas verstand, begriff, fiel es mir leichter damit umzugehen.

Zum Beispiel hatten wir eine Lehrerin, die offensichtlich mit sich und ihrem unförmigen Äußeren sehr unzufrieden war. Diese Unzufriedenheit ließ sie tagtäglich an uns Schülern aus. Und ich konnte das sehr gut verstehen. Wie sollte sie uns mögen, mit uns gut umgehen, wenn sie sich selbst nicht mochte.

Oder unser Pfarrer, er predigte von der Kanzel am Sonntag und am Montag auch im Religionsunterricht, wie verderblich und schändlich Lügen und Unkeuschheit im Leben eines Menschen seien. Gleichzeitig wusste jedes Kind im Dorf, dass er sich mit einer verheirateten Frau hinter dem Rücken ihres Mannes eingelassen hatte und die beiden jüngsten Kinder offensichtlich seine waren. Dass ihn die Situation überforderte, ja ihn böse werden ließ, verstand ich schon früh und seine Hasstiraden auf Unkeuschheit und Lügen verstand ich nur zu gut.

Inzwischen hatte ich ja selbst einiges erlebt und begriffen, es war nicht immer leicht zu durchschauen, warum etwas geschah oder nicht, warum sich eine Situation so entwickelte und nicht anders. Mein Interesse am Warum jedoch war größer denn je.

Und ich wusste, je mehr ich mich auf einen Menschen einließ, desto mehr wollte ich wissen, was, warum, wie geschah.

Sobald einige Stunden vergangen waren, versuchte Paul mit mir wieder Kontakt aufzunehmen. Er rief an, stand vor meiner Bürotür oder saß auf den Stufen vor meiner Wohnungstür, wenn ich heimkam. Verlegen lächelnd, um Verzeihung bittend, manchmal auch schimpfend, was mir einfiele, einfach davon zu laufen, er wisse nicht, was in meinem Kopf vorginge und viele ähnliche Formulierungen.

Meine Versuche, ihm verständlich zu machen, dass solche schwierigen Situationen zwischen uns für mich nicht akzeptabel und auch nicht erstrebenswert seien, misslangen immer wieder aufs Neue, weil Paul so tat, als verstehe er nicht, was mich empörte.

Dann, wenn ich ihm ganz einfach zu verstehen gab, er müsse doch wissen, was er wolle, verkündete er, so kompliziert denke er nicht und er wisse auch nicht, von wem ich mir das hätte einreden lassen. Danach lachte er spitzbübisch verlegen, umarmte mich und ging zur Tagesordnung über. Einige Tage des freundlichen Miteinander folgten und dann, aus heiterem Himmel brach es wieder aus ihm heraus.

Politiker zögen ihm den letzten Pfennig aus der Tasche, Mitarbeiter der Banken stolzierten als lebende Krawattenständer durch die Innenstadt, im Büro seien lauter unfähige Großmäuler beschäftigt, die ein Mehrfaches seines Gehaltes erhielten und noch dazu dumm wie die Nacht seien. Tagediebe flanierten durch den Park, ohne je gearbeitet zu haben und ich, ich sei auch nicht besser. Er brauche nichts und niemanden, habe immer für sich und seine Familie gesorgt, aber die Welt sei voller böser Faulenzer und Großmäuler. Dabei geriet er so in Rage, dass er ganz zu vergessen schien, ob er sich gerade am Küchentisch befand oder im Parkhaus oder wo auch immer. Und jeder Versuch, ihn zu unterbrechen, zu bremsen in seinem Redeschwall, ihn abzulenken oder zu trösten, misslang kläglich.

Wenn ich mich dann entfernte, meinen eigenen Weg alleine weiter ging, nichts mehr von mir hören ließ, begann er mich wieder zu suchen. Und dann begann alles wieder von Neuem.

Eigentlich war die Situation unerträglich, unhaltbar. Wenn ich mich wieder einmal zurückgezogen hatte, versuchte ich mich mit Dingen abzulenken, die ich gerne tat, bevor ich Paul kannte. Ich fuhr zum Tanzen nach Basel, um Paul nicht zu begegnen, ich traf mich mit einem alten Freund in Offenburg in einem Wellnesshotel für ein Wochenende. Ich sah mir im kleinen Schauspielhaus in der Stadt *Die Verwandlung* von Kafka an, eine wunderbare Inszenierung und verbrachte einige Abende in der alten Synagoge bei herrlichen *osteuropäischen* Klängen. Meine Liebe zu Klezmer-Musik entdeckte ich schon vor einigen Jahren in Berlin, bei einem Konzert, das als Rahmenprogramm einer beruflichen Fortbildung stattfand.

Und ganz gleich, was ich tat, oder womit ich mich gerade beschäftigte, Paul ließ mich einfach nicht los. Tag und Nacht grübelte ich, warum er sich so verhielt. Warum er so unglücklich war, was es ihm unmöglich machte, etwas an seiner, von ihm als so unbefriedigend erlebten Situation zu ändern.

An einem Sonntag, der überraschender Weise ganz friedlich begann, verkündete Paul nach dem Frühstück: „Komm, ich muss dir etwas zeigen und vielleicht rennst du mir dann erst recht davon."

Wir fuhren an den Stadtrand und stiegen vor Pauls Elternhaus aus. Er hatte es mir einmal im Vorbeifahren gezeigt.

Ich wusste aus Pauls Erzählungen, dass er große Probleme mit seiner Mutter hatte. Sie war alleine, seine Schwester in Amerika und sein Vater verstorben. Die Mutter erwartete einfach, dass er sich um sie kümmerte. Einmal erzählte er mir, er wisse, dass sie alles für ihn getan hätte, aber jetzt sei sie noch unberechenbarer als früher, verspotte ihn oft und er könne sie einfach nicht mehr ertragen.

Wir betraten eine große Wohnküche, eine etwa siebzigjährige, schlanke Frau in einem verwaschenen Hauskleid lächelte uns aus listigen Augen an. Paul begann zunächst zu schimpfen, warum sie nicht aufgeräumt habe, wo sie doch wisse, dass er sonntags immer vorbeikäme. Er schrie sie an, er lasse sich von ihr nicht weiter für blöd verkaufen und drehte sich dabei zu mir.

Als ich meinem aufgebrachten Paul begütigend die Hand auf den Unterarm legte, besann er sich und stellte mich seiner Mutter formvollendet vor. Sie reichte mir freundlich die Hand und bot uns Kaffee an. Ihr Blick durchstreifte voller Unruhe den Raum und sie begann einzelne Schubladen nach Kaffeefiltern zu durchsuchen.

In meinem Beruf kam ich schon in viele Familien, gesunde und kranke. Hier stand eine hilflos verwirrte alte Frau vor mir. Rasch besann ich mich und bot ihr vorsichtig meine Hilfe an.

Dankbar lächelte sie zurück, sie spürte, wie ich das schon oft bei verwirrten Menschen beobachten konnte, dass ich wusste, wie es um sie steht und dass mein Angebot ernst gemeint war.

Der Nachmittag verlief wider Erwarten friedlich, Pauls Mutter bat uns beim Abschied, bald wiederzukommen und lächelte wissend.

Auf dem Heimweg brach es aus Paul heraus: „Sie ist jetzt eine böse alte Frau, aber sie war nicht immer so. Sie hat mich immer beschützt, vor dem Vater, vor der Familie, sie hat mich auch immer unterstützt. Ich weiß bis heute nicht, warum der Vater nichts erfahren durfte, warum ich es ihm nie recht machen konnte, warum er immer Dinge von mir erwartete, die ich nicht erfüllen konnte, warum er immer betonte, dass aus mir nichts werden könne, mir nichts gelinge, dass ich zu nicht fähig sei. Mutter hat immer alles versteckt, unter den Teppich gekehrt, verheimlicht, alleine gelöst. Sie hat meine Frau abgelehnt, meine Ehe zerstört, sodass ich meine Kinder verloren habe. Ich hasse sie."

Betreten hörte ich mir seine Empörung an. Der Mann an meiner Seite war wie ein kleiner Junge, voller Wut, Zorn und Aufbegehren, ohne Einsicht eines Erwachsenen und er schien mir ein bisschen blind für die Wirklichkeit zu sein.

Als sich sein Gemüt etwas beruhigt hatte, schaute er mich böse von der Seite an.

„Du siehst, es ist alles noch schlimmer, als du es dir vorgestellt hast, ich verstehe, wenn du nicht bei mir bleiben willst."

Langsam ging mir alles ein bisschen auf die Nerven.

„Paul, wahrscheinlich bist du wirklich das dumme Schaf, für das du dich oft selbst hältst oder von dem du glaubst, dass dich die anderen dafür halten. Deine Mutter ist krank. Für das, was und wie sie jetzt ist, kann sie nichts, sie ist schon weit fortgeschritten dement. Und sie weiß das, sie spürt, dass etwas nicht mit ihr stimmt und dass sie es nicht ändern kann. Du hättest das eigentlich längst merken müssen. Sie braucht jetzt mehr denn je deine Hilfe. Und mich, mich wirst du so schnell nicht los, ganz gleich wie sehr du aus der Rolle fällst."

Paul hielt am Straßenrand an: „Und warum hast du das bemerkt an meiner Mutter und nicht ich? Warum weißt du immer alles, erkennst alles, begreifst was los ist, noch bevor ich überhaupt zu denken beginne? Und dann hast du auch immer noch recht, das ist unerträglich. Du bist schlimmer als meine Mutter!"

Dabei gab er Gas und wir rasten mit stark überhöhter Geschwindigkeit nach Hause.

Paul legte sich wortlos aufs Sofa und schlief sofort ein. Ich konnte jetzt einfach nicht weg, sonst dachte er noch, wenn er aufwachte, er habe gewusst, dass mich die Situation überfordere.

In der folgenden Woche hatte ich sehr viel zu tun und keine Zeit, mich mit Paul zu treffen, obwohl er mich einige Male anrief.

Am Freitagabend saß er traurig, wie so oft, auf der Treppe vor meiner Wohnung.

Trotz der vielen Arbeit hatte ich einen Entschluss gefasst. Obwohl sich unser Zusammensein als sehr unbefriedigend gestaltete, offensichtlich für beide Seiten, Trennung aber auch nicht wirklich zu gelingen schien, würde ich dem Teufel auf den Kopf treten und alles daran setzen, Paul zu beweisen, ‚*Geht nicht*, *gibt es nicht'*. Mein Lebensmotto, zumindest bis ich Paul traf.

Bei Kaffee und Kuchen, Paul schaute mich scheu und sehr skeptisch an, strahlte ich ihn mit meinem ganzen Optimismus an und entwickelte meine Idee.

„Ich denke, es gibt drei Möglichkeiten …"

Paul unterbricht mich gleich: „Wieso denn drei? Ich glaube ich habe alles verdorben, ich bin einfach ein Versager, mein Vater hatte recht. Es lohnt sich nicht, sich weiter zu bemühen, am Ende geht doch wieder alles schief. Du denkst jetzt, mit deinen Ideen könntest du alles ändern, aber das stimmt nicht, ich bin und bleibe zum Scheitern verurteilt."

Paul hatte sich wieder einmal in Rage geredet und ließ jetzt mutlos und erschöpft den Kopf hängen.

Vorsichtig nahm ich seine Hand und hielt sie fest.

„Paul, es gibt drei Möglichkeiten. Erstens, wir trennen uns endgültig und du bleibst am Tisch sitzen und bedauerst dich bis an dein Lebensende selbst …"

Sofort sprang Paul auf. „Ich hab's ja gewusst, du rennst davon, wie alle anderen, wenn's schwierig wird, von wegen Optimismus, du brauchst gar nicht weiterzusprechen, ich habe schon genug von deinen Ideen."

Lachend bat ich Paul, sich wieder hinzusetzen.

„Zweitens, wir machen gemeinsam so weiter wie bisher, mal sind wir zusammen, genießen das beide, bis du wieder aus der Rolle fällst, aggressiv reagierst aus heiterem Himmel und ich kann und will das nicht hinnehmen. Und dann trennen sich unsere Wege wieder, bis du nach Tagen oder Wochen versuchst, mich erneut davon zu überzeugen, dass du mit mir zusammen sein willst. Das ist wie ein Teufelskreis. Ich glaube, dass wir das beide nicht wirklich wollen."

Paul schaute sinnend vor sich hin.

„Und die dritte Möglichkeit ist, du nimmst deine ganze Kraft zusammen und änderst etwas, durchbrichst dieses Muster, das sich wie eine schwere Kette seit vielen Jahren um deinen Hals gelegt hat und ich helfe dir dabei, wenn du mich lässt."

Paul sah mich zweifelnd an.

„Wie stellst du dir das vor, wie soll das denn gehen?"

Und ich versicherte ihm, dass ich schon wüsste wie, aber zunächst müsse er überlegen, ob er wirklich für eine grundlegende Änderung seines Lebens bereit sei.

Eine Woche verging, von Paul hörte ich nichts.

Vielleicht habe ich ihm zu viel zugemutet, ihm zu radikal seine Situation vor Augen geführt?

Er, der meist zu unsicher, zu ängstlich war, um sich alleine für oder gegen etwas zu entscheiden, und wenn er es doch einmal wagte, Schiffbruch erlitt, für ihn erschien das einfach zu schwer.

Und ich, ich war so vernarrt in den Gedanken, ihm helfen zu wollen, helfen zu können, dass ich an nichts anderes mehr denken konnte.

Wieder einmal stolperte ich über mein von mir selbst gestelltes Bein.

Als sich Paul in der folgenden Woche immer noch nicht bei mir meldete, besuchte ich ihn im Büro. Neugierig beäugten mich seine Kollegen. Rasch nahm mich Paul am Arm und zog mich auf die Straße.

„Was denkst du denn, wie die jetzt alle über mich lästern?", schimpfte er.

Und als ich lachte und verkündete, das könne ihm doch egal sein, war das Eis gebrochen und Paul beruhigte sich.

Beim Mittagessen gestand mir Paul, dass er sich schon damit abgefunden hatte, mich nie wiederzusehen. Er könne sich nicht für etwas entscheiden, er wisse gar nicht, wie. Zu viel sei in seinem Leben schon schiefgelaufen. Noch mehr Fehlschläge könne er nicht ertragen. Dabei begann er lautlos zu weinen.

Nach einer Weile begann er zögerlich, immer wieder versagte ihm die Stimme. Wenn er sich auf meine Ideen einließe, sich dann aber wieder einmal nicht beherrschen könne, ließe ich ihn bestimmt im Regen stehen und alles sei schlimmer als vorher.

Aber ich war nicht mehr von meinem Vorhaben abzubringen. Ein bisschen Vertrauen müsse er schon selbst mitbringen. Außerdem sei es wirklich sehr wichtig, dass er lerne sich zu beherrschen, sonst sei alles zum Scheitern verurteilt. Zu allem Übel habe er ja jetzt mich, und ich sei nicht gewohnt erfolglos aufzugeben.

„Und was sollen wir denn jetzt machen?", erkundigte sich Paul ein bisschen unsicher und schaute mich erwartungsvoll an.

Und so begann ich meine Ideen auszubreiten. Fest stehe, er sei in seiner Arbeit sehr unzufrieden. Ich sei überzeugt, es sei wichtig, dass Arbeit Spaß machen müsse, dann gelinge sie auch. Außerdem mache das einen Menschen auch zufriedener und glücklicher. Die Scheune an seinem Haus biete genug Platz für eine kleine Werkstatt. Und mit der richtigen Ausstattung könne er auch damit seinen Lebensunterhalt bestreiten und seinen Verpflichtungen nachkommen.

Paul lächelte etwas schief. „Du hast gut reden, erstens habe ich kein Geld, um die notwendigen Werkzeuge zu beschaffen und zweitens kann ich ohne Meistertitel keine Werkstatt selbstständig betreiben. Um Meister zu werden, müsste ich noch einmal zur Schule gehen, das kostet auch Geld und in dieser Zeit hätte ich kein Einkommen. Außerdem, was dort alles verlangt wird, ich bin nicht gut im Lernen, das würde ich nie schaffen." Traurig schaute er mich an.

Ich versicherte ihm, das alles seien keine wirklichen Probleme, wichtig sei, dass er selbst wirklich etwas ändern wolle. „Ich kenne einen Meister, der schon Rentner ist. Mit ihm habe ich schon gesprochen, du könntest deine Werkstatt unter seinem Namen betreiben. Er ist ganz alleine und ein bisschen Familienanschluss täte ihm ganz gut. Ansonsten hättest du völlig freie Hand. Du könntest auch einen Teil seiner früheren Werkstattausstattung zu einem Vorzugspreis bekommen. Das Geld dafür könnte ich dir leihen, natürlich zu einem entsprechenden Zinssatz", erklärte ich ihm mit strenger Miene. Sobald er sich entschlossen habe, könne er sich von seinem verhassten Büro verabschieden. Seine Buchhaltung könne ich wenigstens am Anfang übernehmen, falls er damit einverstanden sei.

„Bei dir hört sich das alles immer so einfach an. Was ist, wenn ich es nicht schaffe, wenn ich krank werde, wenn sonst etwas passiert?" Paul machte ein mutloses Gesicht und schaute in die Ferne.

Wieder versicherte ich ihm, er sei nicht allein, natürlich müsse er sich anstrengen, Erfolg zu haben und gegen Krankheit gäbe es schließlich Versicherungen. Er solle endlich einmal an sich selbst glauben, dann könne ihm alles gelingen.

Am Sonntag besuchten wir Pauls Mutter. Sie schien sich sehr über unser Kommen zu freuen und begrüßte mich mit meinem Vornamen. Auf dem Heimweg versuchte ich mit Paul über die Krankheit seiner Mutter und die zu erwartenden Auswirkungen zu sprechen.

Paul wich mir aus: „Du denkst wohl, du könntest alle Probleme lösen, aber das stimmt nicht. Mutter war all die Jahre mein einziger Halt, sie hat mich verstanden, beschützt und manchmal auch gezwungen, das in ihren Augen Richtige zu tun. Sie hat dafür gesorgt, dass ich mich immer vor meinem Vater gefürchtet habe, dass ich alles vor ihm verstecken musste, auch wenn mir etwas gut gelungen war. Heute weiß ich, dass es an ihr lag, dass Vater mich für einen bequemen, lernfaulen Menschen hielt, dass er überzeugt war, ich hätte kein Durchhaltevermögen. Ja, ich sei einfach ein Sohn, den sich kein Vater wünscht. Und jetzt glaubst du, weil sie krank ist, könntest du ihre Rolle übernehmen. Ich lasse mich nicht noch einmal von einer Frau einlullen, um beim Erwachen festzustellen, vielleicht war ich in Wirklichkeit gar nicht so, vielleicht wurde mir das alles nur eingeredet."

Paul bremste scharf, hielt auf dem Seitenstreifen der Schnellstraße, sprang aus dem Auto und rannte quer über die Felder. Als er nach einer Weile nicht zurückkam, fuhr ich mit einem Taxi alleine nach Hause.

In meinem Kopf schlugen die Gedanken Purzelbäume. Wenn ich über alles nachdachte, was Paul mir erzählt hatte, dann schienen seine Vermutungen gar nicht so abwegig. Paul war nicht dumm, im Gegenteil. In vielen Bereichen verfügte er über ein enormes Wissen, da konnte ich selbst oft nicht mithalten. Und er hatte ein feines Gespür für alles, was sich um ihn herum tut. Er verhielt sich zwar oft, als habe er keine Ahnung, ließ sich rasch zu negativen Bemerkungen hinreißen, vor allem sein Tun und Handeln betreffend. Aber bei mir entstand auch immer mehr der Eindruck, als habe er sich das als unbewussten Schutzmantel angeeignet, um nicht weiter konfrontiert zu werden, vor allem, wenn ihm etwas lästig war.

Schon nach zwei Tagen rief er mich an, entschuldigte sich überschwänglich, versicherte mir immer wieder, er habe sich, nachdem er einmal alles gesagt habe, besser im Griff und ich solle ihm doch noch dies eine Mal verzeihen.

Im Frühling des darauffolgenden Jahres feierten wir ein großes Hoffest. Die Garage war fertig ausgebaut, Paul verfügte jetzt sogar über eine Hebebühne. Georg, der mit seinem Meisterbrief die Patenschaft für die Werkstatt übernommen hatte, schaute stolz auf Paul und verkündete: „Ich bin sicher, du wirst das Beste aus allem machen." Dabei klopfte er ihm väterlich auf die Schulter.

Es wurde ein schönes Fest, alle Nachbarn waren gekommen. Pauls Mutter saß in einem bequemen Gartenstuhl und sie lächelte ein bisschen so, als sei das alles ihr Werk und ich freute mich mit ihr. Pauls Töchter, Anni und Jule, inzwischen halb erwachsen, schauten neugierig durch das große Hoftor.

Wir hatten inzwischen einige Male gemeinsam gekocht und die Mädchen schienen sich bei uns ganz wohlzufühlen. Ich sei die Stiefmutter-Freundin, mit mir könne man Probleme am besten besprechen, verkündeten sie mir einmal, als sie sich nach einem schönen Nachmittag bei uns verabschiedeten.

Auch Pauls Verhältnis zu seiner geschiedenen Frau war nicht mehr so angespannt, seit ich ihr angeboten hatte, auftretende Probleme alleine mit ihr, ohne Paul, zu lösen.

Inzwischen war der Ausbau des Dachgeschosses abgeschlossen. Wir hatten unser Schlafzimmer und ein zweites Bad ins Obergeschoss verlegt, und so Platz für ein großes Zimmer im Erdgeschoss gewonnen.

Und wir planten unseren ersten, gemeinsamen Urlaub. Paul war ganz vernarrt in den Gedanken nach Norden zu fahren. Dort sei alles ganz flach, keine steinigen Wege, keine Weinberge und kein Garten vor dem Haus, um den man sich kümmern müsse. Er erinnere sich noch, wie der Vater die steilen Wege um das elterliche Haus gehasst habe und ihm ginge es ebenso.

Über mein Büro fand ich ein kleines Ferienhäuschen in Eckernförde, zu einem annehmbaren Preis. In den folgenden Jahren fuhren wir einige Male für ein paar Wochen nach Norden. Es war erfrischend schön und erholsam und Paul zeigte sich im Urlaub sehr friedlich.

Die Zeit plätscherte dahin, ohne dass wir es richtig wahrnahmen.

Traurig stand ich am Grab von Simone. Wir arbeiteten seit vielen Jahren zusammen und privat waren wir eng befreundet. Neben mir stand Maja und hielt meine Hand ganz fest. Sie war gerade erst acht Jahre alt geworden. Simone war alleinerziehend, sie kannte selbst den Vater ihres Kindes nicht. Es gab keinerlei Verwandte und so war es, dass das kleine Mädchen ganz alleine zurück blieb.

Als die Polizei mitten in der Nacht mit Maja vor unsere Tür stand und anfragte, ob das Kind erst einmal bei uns bleiben könne, ihre Mutter habe einen schweren Unfall nicht überlebt, hatte auch Paul nichts dagegen. Maja übernachtete früher manchmal bei uns, wenn Simone etwas vorhatte. Als Maja noch kleiner war, mochte Paul sie sehr, spielte mit ihr Verstecken und schenkte ihr manchmal ein kleines Plüschtier.

Das änderte sich schlagartig, als Maja zu widersprechen begann. Nun kam es vor, dass Paul sie in seine Ausraster mit einbezog und Maja begann sich vor ihm zu fürchten.

Wenn sie jetzt zu uns kam, ging sie Paul gerne aus dem Weg und er tat meist so, als sei sie gar nicht da.

Ich musste mit Paul reden. Wenn wir Maja nicht aufnahmen, musste sie ins Kinderheim, das wollte ich gerne verhindern.

Paul hörte sich meine Bitte an und begann sofort von seinem Neffen Toni in Amerika zu erzählen, der so früh seinen Vater verlor und der von seinem Stiefvater oft verprügelt wurde. Über Maja verlor er kein Wort.

Am Abend dieses Tages richtete ich für das Kind ein Bett in der kleinen Stube neben unserem Schlafzimmer und als Maja Paul beim Frühstück gegenüber saß, murmelte er, sie könne bei uns bleiben, wenn er sich nicht um sie kümmern müsse. Man wisse ja nie, wie sich so ein Kind ohne Vater entwickle, von ihm, Paul, könne sie nichts erwarten.

In der Folgezeit besuchte ich mit Maja immer am Sonntagabend das Grab ihrer Mutter. Als ich einmal krank war, nahm Paul das Kind an der Hand und begleitete es zum Friedhof.

Zwei Jahre sind vergangen, Paul arbeitet mit großer Freude in seiner eigenen Garage, die Kunden schätzen sein Können und seine Zuverlässigkeit. Wir mussten kaum Schulden machen, weil mein Bausparvertrag alles abdeckte.

Montag bis Freitag gehe ich weiter ins Büro. Meine Abteilung hatte sich um ein Vielfaches vergrößert, ich verdiene sehr gut. Samstags erledige ich für Paul die Schreibarbeiten. Sonntags kochen wir manchmal mit Anni, Jule und Maja.

Paul versprach seinen Töchtern bei ihrem letzten Besuch, sie dürften sich einen Beruf aussuchen, er werde die Ausbildung übernehmen.

Ich freue mich sehr über die Entwicklung und bin heimlich manchmal ein bisschen stolz auf mich. Die kleine Maja schmiegt sich an mich und freut sich mit mir.

Nur manchmal, wenn Paul etwas in der Zeitung liest, oder ein Brief vom Finanzamt oder einer Behörde im Briefkasten landet, rastet Paul aus.

Meist ziehe ich mich dann zurück, antworte ihm nicht, um alles nicht noch schlimmer zu machen, weil er sonst alles auf mich projiziert und seine Beschimpfungen böse Formen annehmen.

Mal sind es faule Arbeitslose, die auf Kosten anderer sehr gut lebten, mal überhebliche Amerikaner, die sich einst das Land der Indianer unrechtmäßig angeeignet hätten, mal russische Zuwanderer, die sich in einem so großen, reichen Land wie Russland einfach nur nicht unterordnen wollten und dann lieber auf unsere Kosten, an allem, was wir mit unseren Händen erarbeitet hätten, teilhaben wollten.

Und immer wieder: „Du bist auch nicht besser, du betrügst die Leute mit deinen Versicherungen und willst einfach nicht wahrhaben, dass ihr alle nur Schmarotzer seid, die von der ehrlichen Arbeit der wenigen, anständigen Leute leben. Du tust so, als wüsstest du auf alles eine Antwort, als gäbe es keine unlösbaren Probleme, als sei alles ganz einfach, aber du wirst schon noch begreifen, wohin das führt, wie das alles endet."

Seine Tiraden wiederholen sich immer und immer wieder mit dem gleichen Wortlaut.

Das dauert einige Stunden, dann beruhigt er sich, rückt Gegenstände im Zimmer oder auf dem Tisch zurecht, stellt durch Stühle oder Sessel rücken, eine scheinbare Ordnung wieder her, macht dann ein verlegenes Gesicht und verhält sich so, als sei nichts gewesen.

Wenn es ganz schlimm kommt, flüchte ich in das kleine Hotel am Stadtrand. Ich genieße ein leichtes Abendessen, ein, zwei Gläser Rotwein, spüre wieder einmal die Ausweglosigkeit, in der wir uns befinden und denke darüber nach, was aus meinem Leben geworden ist. Ein alter Freund, bei dem ich manchmal Trost suche, und mit dem ich mich früher oft traf, besucht mich dann manchmal. In seiner Umarmung, seiner Zärtlichkeit und der Selbstverständlichkeit, mit der er meine Wünsche und Bedürfnisse als Frau immer wieder neu erfüllt, vergesse ich für Stunden die Sackgasse, in die ich mich selbst gebracht habe.

Paul interessiert sich anschließend nie, wo ich gewesen bin, er zeigt, wenn ich zurückkomme immer nur große Erleichterung.

Einmal, ja ein einziges Mal verlor ich die Geduld und bat Paul, angepasst an seine Lautstärke, doch mit seinen sich immer wiederholenden Stammtischparolen aufzuhören. Sie bewirkten nichts, niemand könne sie hören außer mir, und ändern würde sich dadurch auch nichts. Außer, dass wir uns das Leben unnötig schwer machten. Eigentlich könne er jetzt doch zufrieden sein. Alles habe sich zum Guten gewendet, er habe Erfolg mit seiner Arbeit, könne in seiner Werkstatt tun und lassen, was er wolle, wir hätten keinerlei finanzielle Probleme. Die Kinder seien groß und kämen auch gerne zu Besuch und niemandem aus unserer Umgebung käme in den Sinn, zu behaupten, er sei ein Versager.

Paul hatte schon sein Feierabendbier getrunken, da sprang er plötzlich auf, fasste mich an der Kehle, schüttelte mich und schlug mir ins Gesicht ...

VI

Unerreicht

Elly, Elly wo bist du?
Immer wieder besuche ich meinen Freund, den Fluss, und warte darauf, dass Elly mir entgegen kommt.

Tatsächlich gelang uns meist alles, was Elly plante und dann auch tatsächlich anpackte. Sie war unerschöpflich mit ihren Ideen. Und sie glaubte an mich, verlor nie den Mut und die Geduld mit mir und ihre Ausdauer war bewundernswert. Sie war stark wie meine Mutter und behielt fast immer recht. Zum Glück hatte sie nichts vom Spott und der Häme, die meine Mutter in ihren letzten Jahren an den Tag legte.

Vor einigen Tagen, ich kramte in verschiedenen Schubladen, ohne etwas Bestimmtes zu suchen, fiel mir ein Brief von Elly, der typisch für sie war, in die Hände:

Mein lieber Paul,
wieder einmal gehen wir ohne wirklichen Grund aneinander vorbei. Ich bin sehr traurig darüber. Zuerst aber möchte ich Dir auf diesem Wege herzlich

danken, danken für die schönen Tage, die wir miteinander in unserem kleinen Ferienhäuschen in Eckernförde verbringen konnten. Du warst so liebevoll und fürsorglich wie lange nicht. Es war herrlich, wieder einmal unbeschwert die Tage gemeinsam genießen zu können. Bei solchen Gelegenheiten vergesse ich ganz gerne, ohne nachzudenken, dass es auch ganz andere Zeiten zwischen uns gibt.

Und dann, die Ferien waren noch nicht ganz vorbei, begannen schon wieder kleine und größere Aggressionen unseren Alltag zu durchweben.

Nun ist etwas passiert, wovor ich mich schon lange insgeheim gefürchtet habe. Du hast mich angegriffen, ich sah den Hass in Deinen Augen und ich habe gespürt, einmal, einmal wirst Du Dich nicht mehr beherrschen können und dann ...

In den letzten Tagen spüre ich eine unendliche Traurigkeit, eine Traurigkeit, die sich einfach nicht wegwischen lässt, die sich meiner bemächtigt, ohne dass ich etwas dagegen tun kann.

Und weil ich Dir das alles nicht sagen kann, weil Du nicht verstehen willst oder auch nicht kannst, was mich bewegt, schreibe ich Dir diesen Brief. Nachdem Du noch einmal in diesem Jahr alleine ins Ferienhäuschen gefahren bist, hoffe ich, Du findest Zeit und Muse, meinen Brief zu lesen und vielleicht ...

Da unsere Ferien in diesem Jahr aus beruflichen Gründen so kurz waren, hatten wir darüber gesprochen, vielleicht am Ende des Sommers noch einmal ein gemeinsames Wochenende dort zu verbringen, wo wir glücklich waren. Dann, von einem Tag auf den anderen, hast Du verkündet: "Morgen fahre ich ins Ferienhaus, die schönen Tage sind sicher bald vorbei." Kein Wort, dass wir das gemeinsam tun wollten. Einige Tage vorher rief ein ehemaliger Kollege aus Deiner Zeit als Soldat an, er habe Dich nicht erreichen können und wolle Dich zum diesjährigen Treffen einladen. Dann nach einer kurzen Pause erkundigte er sich sehr liebenswürdig, warum ich denn nie zu den Treffen mitkäme. Ich antwortete wahrheitsgemäß und spontan, du hättest mich noch nie gefragt und dann könne ich auch nicht mit. Als ich Dir das Gespräch wiedergab, war Deine Reaktion äußerst aggressiv und Deine Beschimpfungen nahmen kein Ende. Ich solle mich nicht um Deine Angelegenheiten kümmern, wahrscheinlich hätte ich nichts Besseres zu tun und überhaupt, Du könntest selbst mit Deinen Kameraden sprechen, dazu bräuchtest Du kein Kindermädchen und so weiter. Dabei hätte ein einfacher Satz: "Ich ginge gerne alleine zu dem Treffen" vollkommen genügt.

Deine immer gerne verwendeten Ausreden, "Du hast ja doch keine Zeit, oder ich kenne Deinen Plan nicht", kann ich nicht mehr hören. Es ist schwierig auszuhalten, dass immer, wenn Du zu einer Situation Stellung nehmen müsstest, Deine Ausreden auf meinem Rücken ausgetragen werden und andererseits, wenn Dir selbst etwas wichtig ist, weder mein Plan noch meine Zeit eine Rolle spielen.

In all unseren gemeinsamen Jahren habe ich versucht dich zu verstehen, umsonst. Und wenn ich viele Wochen über die Entwicklung einer bestimmten Situation zwischen uns nachgedacht habe, kommen am Ende immer nur drei Möglichkeiten in Betracht. Zum Einen, Dein Aggressionspotential ist stärker, als Dein Gefühl für mich als Mensch, als Frau, es überlagert Dein Verlangen nach Nähe, nach Zweisamkeit, nach Körperlichkeit. Oder Du tust dir schwer, Du hast keine Ausdauer, kein Durchhaltevermögen in der Partnerschaft und setzt bewusst, aber ich denke eher unbewusst, alles Schöne, was uns verbindet aufs Spiel, nur um Dich nicht ein bisschen bemühen zu müssen. Und zum guten Schluss, vielleicht nehme ich Dich einfach als Mensch, als Mann, als Partner zu ernst und sollte mir die Mühe und die Tränen für echte Lebensprobleme sparen.

Und wenn wir uns am Tisch gegenüber sitzen, zum Beispiel beim Frühstücken, erlebe ich Dich immer als einen Menschen, der morgens die Zeitung noch nicht in der Hand hält, sich aber schon über die Zustände auf der Welt in politischer Hinsicht negativ auslässt. Es sind immer allgemeine Themen, Politik, Zustände auf der Welt, das Verhalten von Menschen mit Abitur, Beamte, Ausländer und viele Andere, die Dich auf unerklärliche Weise so beschäftigen, dass Dein Redestrom kein Ende findet. Und wenn ich versuche, Dich gedanklich auf eine andere Schiene zu bringen, Deine Aufmerksamkeit auf uns zu lenken, es sitzt ja auch kein andrer mit am Tisch, mischst Du in Deine Ausführungen einige negativen Bemerkungen über Menschen, die mir wichtig sind, nur um mich zu kränken, mich mundtot zu machen. Sicher, das Leben hat Dir übel mitgespielt, aber irgendwann solltest auch Du die Verantwortung für Dein Leben selbst in die Hand nehmen. Stattdessen verlierst Du zunehmend die Kontrolle, bis ich verstumme. Paul, ich glaube nicht mehr an uns, ich habe verloren.

Deine Elly

So ist sie meine Elly, sie macht sich zu viele Gedanken, sie merkt nicht, dass mich ihre Geduld und ihr Verständnis zusätzlich wütend werden lässt, das scheint sie einfach nicht zu begreifen.

Ja, manchmal bin ich unbeherrscht, weil mich all die Ungerechtigkeiten auf der Welt rasend machen. Aber Elly ist bei mir, versteht, was in mir vorgeht. Sie lässt mich nie im Stich, auch wenn sie sich manchmal für Tage zurückzieht.

Und sie kommt immer zurück, kocht dann meist mein Lieblingsessen, Kartoffelpüree mit Sauerkraut und gebackenen Rippchen, kümmert sich um alles und nie kommt ein Vorwurf über ihre Lippen.

Ja, meine Elly.

Mutter mochte Elly sehr. Als ihr Herz immer schwächer wurde, wie wir bei unseren sonntäglichen Besuchen beobachten konnten, das Atmen fiel ihr immer schwerer, packte Elly, ohne dass wir uns darüber verständigten, eilig ein paar Sachen für sie zusammen und erklärte ihr, wie schön es sei, sie für immer bei uns zu haben.

Mutter widersprach nicht, ich denke heute, sie spürte, wie es um sie stand.

Zunächst schien es, als erhole sie sich bei uns ganz gut. Elly richtete ihr das große Zimmer mit Blick zum Garten gemütlich ein. In die Natur schauen zu können, schien ihr sehr wichtig. Begeistert erzählte sie mir abends, wenn ich in die Wohnung kam, wie sehr sie es genieße, für nichts mehr verantwortlich sein zu müssen, sich einfach am Zwitschern der Vögel freuen zu können, den Wind zu beobachten, wie er mit den Blättern der Birken spiele, die vor unserem Haus standen und wir freuten uns mit ihr.

Nur manchmal erkannte sie mich nicht, schickte mich aus ihrem Zimmer und rief hilfesuchend nach Elly. Elly umsorgte sie, half ihr bei der Körperpflege, holte ihr eine Jacke, wenn es ihr kalt wurde. Elly kochte und hielt immer einen Leckerbissen für meine Mutter bereit und manchmal begleitete sie sie zum Arzt.

Und Mutters Vergesslichkeit nahm zu. So konnte sie sich oft nicht erinnern, ob ich ihr Vater oder ihr Bruder Gustav war, wenn ich pfeifend in die Wohnung kam. Aber Elly, Elly erkannte sie immer, sprach sie mit ihrem Namen an und lächelte ihr dann verschwörerisch zu. Gegen Abend wurde sie immer unruhig, rannte zur Türe und erklärte uns, sie müsse nach Hause, die Mutter warte auf sie, sie müsse ihr doch helfen bei der vielen Arbeit.

Zu Beginn versuchte ich sie zu erinnern, dass ihre Mutter längst verstorben, sie selbst jetzt Großmutter sei und im Leben genug gearbeitet habe. Aber das half nicht, wütend und hämisch begann sie dann auf mich zu schimpfen, ich sei schon immer unfähig gewesen zu begreifen, was zu tun sei. Und ich solle sie sofort nach Hause bringen, sonst verrate sie dem Vater alles. Das machte mich traurig und wütend. Sie war doch meine Mutter, ich fühlte mich hilflos. Elly beruhigte mich, nahm meine Mutter und ging mit ihr ein Stück spazieren, das half manchmal und friedlich aß die Mutter dann mit uns und ließ sich problemlos ins Bett bringen.

Am Hl. Abend, Elly hatte alles schön vorbereitet, saßen wir am Tisch, die Kerzen am Baum brannten und eine Schüssel mit Kartoffelsalat strahlte uns an. Plötzlich schob die Mutter ihren Stuhl zurück und begann Schuhe und Strümpfe auszuziehen.

„Mutter, was machst du denn da? Es ist Weihnachten, wir wollen gemütlich essen, zieh dich wieder an", versuchte ich sie zu erinnern.

Mit überzeugender Stimme verkündete meine Mutter: „Bring mir eine Wanne mit Wasser, damit ich meine Füße waschen kann und dann müssen meine Fußnägel geschnitten werden, sonst kann ich den weiten Weg nach Hause nicht schaffen. Der Vater wird böse sein, weil seine Hemden noch nicht gebügelt sind." Und Mutter ließ sich von ihrem Vorhaben mit nichts abbringen.

Und Elly, meine Elly, die immer weiß was zu tun ist, Elly stellte die Würstchen zurück auf den Herd und bereitete der Mutter ein Fußbad, schnitt ihre Fußnägel und als sie dann verkündete, sie sei jetzt müde, brachte Elly sie ins Bett.

In den folgenden Monaten entwickelte Elly eine offensichtlich erfolgreiche Methode, mit Mutters wechselndem Erinnerungsvermögen umzugehen.

Wenn die Mutter unruhig wurde, holte sie ihre Mundharmonika hervor. Erfreut über das ihr so vertraute Instrument, Elly hatte eine neue besorgt, weil Mutters Lieblingsstück nicht mehr auffindbar war – die Mutter schien das nicht zu bemerken –, begann sie dann sofort zu spielen, am liebsten *Guten Abend, gute Nacht*. Für kurze Zeit fühlte ich mich wieder wie ein kleiner Junge und musste bitterlich weinen.

Zu Elly geneigt, verkündete dann meine Mutter: „Der war schon als Kind so rasch am Heulen, sein Vater hat ihn immer gehänselt, er weine wie ein Mädchen."

Dann legte Elly ihre Hand auf meinen Arm, was so viel bedeutete wie *„Sag nichts, sie ist alt und weiß nicht richtig was sie tut"*. Und ich wurde an Mutters *„Sag dem Vater nichts, wir finden schon eine Lösung"* erinnert und erneut kamen mir die Tränen.

Elly versuchte manchmal zu vermitteln: „Mutter, sei doch nicht so hart zu Paul, er ist doch dein Sohn!"

Dann polterte die Mutter los „Ich kenne keinen Paul, ich habe keinen Sohn", und dabei sah sie Elly listig an.

Im Frühling, als die ersten Gänseblümchen vor Mutters Fenster blühten, begann sie abends nach Maria zu rufen. Maria solle kommen, sie habe heute bestimmt noch nichts gegessen, sie müsse eine Mütze aufsetzen, es sei noch zu kühl draußen, und immer wieder quälten sie andere Probleme, die alle um Marias Wohlergehen kreisten.

Meine vorsichtige Erinnerung, Maria sei doch verreist, quittierte die Mutter mit: „So ein Unsinn, sie ist doch noch ein Kind, geh lieber und suche sie, sie soll gleich heim kommen."

Elly, die Maria nur aus meinen Erzählungen kannte, Elly rief Maria an und bat sie, uns zu besuchen, die Mutter warte sehnsüchtig auf sie und wenn sie Hilfe brauche, wir würden ihr gerne einen Flug finanzieren. Aber Maria, sie sprach ein sehr verwaschenes Deutsch, verkündete Elly am Telefon, sie habe sich mit der Mutter, als sie das letzte Mal in Amerika gewesen sei, sehr gestritten. Die Mutter habe sie beschimpft, sie habe sich in Amerika zur Hure gemacht, das könne sie nicht vergessen, dabei habe die Mutter nur entdeckt, dass sie schwarze, seidige Unterwäsche trage, das sei doch ganz normal, schließlich sei sie doch noch keine alte Frau. Viele Male versuchte Elly, Maria doch noch zu überreden, der Mutter diesen Wunsch zu erfüllen, leider vergeblich. Und ich, ich fühlte mich wieder wie damals, als Maria für immer fortging.

Wenn die Mutter jetzt abends unruhig wurde und nach Hause zu gehen verlangte, begann Elly ihr eine Geschichte zu erzählen. Ich hatte einmal erwähnt, dass meine Mutter als Kind selbst nur ein Buch besaß, nämlich *„Das Mädchen mit den Schwefelhölzern"*. Und Mutter saß dann in ihrem Sessel oder lag in ihrem Bett und hörte immer wieder gespannt zu und konnte nie genug davon bekommen, wie ein Kind. Und wenn das kleine Mädchen dann von seiner Großmutter in den Himmel getragen wurde, schlief die Mutter mit einem seligen Lächeln ein.

Als wir nach Mutters drittem Herzinfarkt an ihrem Bett saßen, bat sie mich, ich solle sie mit Elly einen Moment alleine lassen, sie müsse mit meiner Frau noch etwas Wichtiges besprechen.

Wir hatten immer noch nicht geheiratet, aber das wusste Mutter nicht. Und weil sie so krank war, unterdrückte ich meine aufsteigende Eifersucht, schließlich war ich ihr Kind und nicht Elly und verließ das Krankenzimmer.

Weil Elly wusste, was in mir vorging, erzählte sie mir am Abend vom Anliegen meiner Mutter: „Paul, sie hat dich mehr lieb, als du dir vorstellen kannst. Sie hat mich gebeten, an ihrer Stelle in Zukunft für dich da zu sein. Dich nie zu verlassen, dir nicht weh zu tun und dir in schwierigen Situationen beizustehen. Und später, nach ihrem Begräbnis solle ich dir mit meinen Worten begreiflich machen, wie alles passiert sei und wie leid ihr alles täte."

Elly versicherte mir, dass sie auch nicht wisse, was meine Mutter damit gemeint haben könne.

Dabei umarmte sie mich und augenblicklich fühlte ich mich getröstet.

Schon am nächsten Tag schloss meine Mutter für immer die Augen.

Am Grab stand ich dann mit Elly, einigen Verwandten und ein paar alten Frauen ganz verlassen da. Plötzlich stand Maja neben mir und schob ihre Hand tröstend in meine.

Obwohl wir die Beerdigung um eine Woche hinausgezögert hatten, um Maria doch noch die Möglichkeit zum Kommen zu geben, war sie nicht da.

Nur wenige Menschen aus unserem Stadtviertel begleiteten meine Mutter auf ihrem letzten Weg. Das stimmte mich besonders bitter. Mutter, die immer die Not der anderen sah, die gerne half, wo sie konnte, die keinen Dank erwartete, für sie fand kaum einer die Stunde Zeit, sie zu begleiten. Und Maria, meine Schwester, auf die sie so gewartet und die ihr so viel bedeutet hatte, ließ mich in dieser Stunde des Abschieds für immer allein. Eine grenzenlose Traurigkeit erfasste mich, als der Sarg mit meiner Mutter langsam in die Erde gesenkt wurde.

Als Mutter für immer die Augen geschlossen hatte, saß ich auch hier, am dahineilenden Wasser. Der Regen rauschte wie dicke Bindfäden vom wolkenverhangenen Himmel. Wenn ich die Augen schließe, sehe ich Elly, wie sie mit mir am offenen Grab steht.

Anni, meine Älteste, bekannte am Telefon freimütig: „Papa, du weißt, ich hab die Oma ganz gerne gemocht, aber nur weil sie begraben wird, kannst du doch nicht erwarten, dass ich meine Ferienreise nach Sizilien abbreche. Das hätte sie sicher auch nicht gewollt. Ich werde an euch denken und mich an die vielen schönen Ferien bei meiner Großmutter erinnern. Das würde ihr bestimmt gefallen. Und du Papa bist ja nicht allein, du hast ja Elly. Sie wird dir bestimmt beistehen und auch alles organisieren."

Ja, so sind sie, unsere Kinder. Sie fahren in den Ferien an Orte, von denen wir nicht einmal zu träumen wagten. Und wenn ein geliebter Mensch für immer von uns geht, dann ist das so.

Jule, ihre jüngere Schwester, befand sich auf einer Vortragsreise, die sie in verschiedene große Städte der Bundesrepublik führte. Gerade sei sie in Berlin, sie spreche dort, wie sie mir am Telefon erzählte, über die Macht der Medien im Willy-Brandt-Haus. Als Managerin für Kommunikation an der Freiburger Universität sei es für sie eine Ehre, eingeladen zu werden, da könne sie nicht einfach absagen, nur weil ihre Großmutter gestorben sei. Sie sei immer sehr stolz auf ihre Enkelin gewesen und hätte bestimmt nicht gewollt, dass sie ihre berufliche Chance nicht wahrnehme, nur weil die Großmutter gerade jetzt begraben werde.

Die Aussagen meiner Kinder waren kaum noch zu überbieten. Ich hatte alles falsch gemacht, hatte auch bei meinen Kindern, wie bei so vielem in meinem Leben, versagt. Ich war kein guter Vater. Mein Vater hatte recht, ich war unfähig etwas zustande zu bringen.

Wie so oft spürte ich eine unendliche Traurigkeit.

Und Maria, meine Schwester, die ich so gerne an meiner Seite gewusst hätte, verkündete mir am Telefon: „Du weißt doch, dass ich mich mit Mama, als sie mich das letzte Mal in Seattle besuchte, sehr gestritten habe. Sie wollte einfach nicht verstehen, dass mein Leben in Amerika nicht mit ihrem Leben in Freiburg vergleichbar ist. Ich bin froh, wenn endlich alles vorbei ist und sie mir keine Vorwürfe mehr machen kann, weil ich vor so vielen Jahren für immer fortgegangen bin. Frag doch deine Elly, sie versteht mich viel besser als du."

Ich wusste, Elly hatte Maria einige Male angerufen und so versucht, den immer dringlicher geäußerten Wunsch meiner Mutter, sie wolle ihre Tochter noch einmal sehen und Frieden mit ihr schließen, doch noch zu erfüllen. Aber vergebens.

Maria hatte Elly erklärt, sie wolle mit der „alten Welt", wie sie es nannte, nichts mehr zu tun haben. Die Eltern hätten lange Zeit gehabt, sich versöhnlich zu zeigen. Sie habe mit allem abgeschlossen, Elly könne das bestimmt begreifen.

Und nun sitze ich hier, an meinem dahineilenden Fluss, der mir zuhört, wann immer ich zu ihm komme und der all meine Kümmernisse kennt.
  Von fern höre ich eine Melodie, Mutter hat sie oft, als ich noch ein Kind war, mit der Mundharmonika gespielt. Es ist *„Das einsame Glöcklein"*. Wundersam getröstet schließe ich die Augen.

Nach vielen Tagen, an denen ich mich unfähig fühlte, etwas zu tun, begann ich dann doch, der Not gehorchend, Mutters Wohnung auszuräumen. Es fiel mir schwer, damit zu beginnen. Wir hatten, als Mutter zu uns zog, ihre Wohnung nicht mehr betreten. Ich konnte das einfach nicht und Elly besorgte, wenn meine Mutter etwas brauchte, alles neu.
  Ich spürte, wenn erst einmal alles ausgeräumt sein würde, wäre sie endgültig aus meinem Leben verschwunden.

Ich könnte sie nie mehr fragen, was ich jetzt tun sollte, sie würde nie wieder den Zeigefinger auf ihren Mund legen, zum Zeichen, ich solle gegenüber dem Vater schweigen, es werde sich schon alles finden, wie sie es viele Jahre getan hatte.

Bevor ich den Schrank mit ihren persönlichen Sachen öffnete, beschlich mich ein seltsames Gefühl. Ich stöberte auch als junger Mensch nicht in den Sachen meiner Eltern, wie das offensichtlich manche meiner Kameraden getan hatten, die dann auch noch prahlerisch erzählten, auf was für Schätze aus der Jugendzeit ihrer Eltern sie dabei gestoßen seien.

Alles lag ordentlich beisammen. Vaters Zeugnisse und Ehrungen, eine Bestätigung, dass er arischer Abstammung sei, in einem Fach. Seine Uniform aus dem Krieg, seine Stiefel, die Hakenkreuzfahne, die die Mutter, als der Krieg aus war, schnell versteckte, Vaters Essgeschirr, das ihn im Krieg begleitete, seine Rasierschale samt Pinsel, an dem fast keine Borsten mehr waren, sein verblichener Rucksack und große Stapel vergilbte, alte Zeitungen aus der Kriegszeit. Mutters schwarzes Hochzeitskleid, liebevoll in feines Seidenpapier gepackt, ihren einfachen Schleier, ihr weicher schwarzer Muff, ein paar schwarze Seidenstrümpfe, ihr kleiner Pelzkragen, an den ich mich noch gut erinnern konnte, ein dickes, schon etwas abgegriffenes Buch, das sich als Ratgeber für junge Ehepaare aus den zwanziger Jahren entpuppte. In einer kleinen Schachtel eine Brosche mit einem grünen Stein, eine kleine goldene Kette, an der ein Kreuzchen hing, zwei dünn gewordene Eheringe und ein Rosenkranz in schwarz. Daneben in einem Etui ein alter Schreibfederhalter aus Porzellan und einige unbenutzte Federn.

In einer schon etwas zerschlissenen Schuhschachtel entdeckte ich, mit grauen und schwarzen Bändchen zu Päckchen verschnürte Briefe. Ich erinnerte mich, dass mir die Mutter davon erzählte, als ich einmal wissen wollte, wie sie die Jahre überstanden habe, in denen der Vater im Krieg war und keinen Heimaturlaub bekam. Und wie sie es danach ertragen konnte, zu wissen, dass der Vater in russische Gefangenschaft geraten war, sie nicht wusste, ob er wiederkäme und aus der er erst vier Jahre später überraschend entlassen wurde.

Mit seltsam rauer Stimme antwortete sie mir damals: „Wir haben uns regelmäßig geschrieben, das ist ja alles schon so lange her und vergessen."

Ganz hinten im Schrank fand ich in einer schwarzen Mappe unser Familienstammbuch. Mutter hatte mir bei meiner Hochzeit erklärt, es sei beim Umräumen verloren gegangen. Im Lieblingssessel meiner Mutter sitzend, schaute ich abwechselnd in die untergehende Sonne und auf den mit dem Leben meiner Eltern beladenen Tisch.

Endlich nahm ich das Buch, in dem unser aller Leben verzeichnet war und begann darin zu blättern.

Ich fand die Geburtsurkunden und die Totenscheine meiner Großeltern und bemerkte, dass ich kaum noch Erinnerungen an sie hatte. Die Geburt meines Vaters war auf verschnörkeltem Papier dokumentiert. Der Geburtsschein und das Taufzeugnis meiner Mutter lagen lose zwischen leeren Blättern.

Als ich weiter blätterte, fand ich den Taufschein meiner großen Schwester und einen handgeschriebenen Zettel auf dem zu lesen war, Maria habe das Original der Geburtsurkunde mit nach Amerika genommen. Auf der nächsten Seite fand ich meine Geburtsurkunde und meinen Taufschein. Tatsächlich, hier war ich amtlich verzeichnet. Ein Gefühl wie „Mich gibt es tatsächlich, hier steht es" erfasste mich und schien mich nicht mehr loslassen zu wollen. Eilig stand ich auf, verschloss sorgfältig die Tür und besuchte meinen Fluss.

Schon am nächsten Tag blätterte ich erneut in der schwarzen Mappe. Nachdenklich nahm ich den amtlichen Beweis meiner Existenz in die Hände. Da stand:

Paul Friedrich,
geboren am 28. Juni 1944, 10.00 Uhr früh,
im Taxi, auf dem Weg
ins städt. Krankenhaus, Freiburg.

Vater: Wilhelm Friedrich
Mutter: Rosalie Friedrich

Warum hatte mir die Mutter erzählt, dass dieses wichtige Dokument beim Umräumen verloren gegangen sei? Ich fand keine Antwort.

Vorsichtig besah ich mir die nächsten Seiten. Ich las laut:

Theresa Friedrich,
geboren am 05. Mai 1950, 2.00 Uhr früh,
städt. Krankenhaus, Freiburg
Vater: Wilhelm Friedrich
Mutter: Rosalie Friedrich

Da war ich sechs Jahre alt.
Und auf der nächsten Seite:

Sterbeurkunde
Theresa, Friedrich,
verstorben am 09. Mai 1950, 11.20 Uhr früh,
städt. Krankenhaus, Freiburg
Eltern: Wilhelm und Rosalinde Friedrich

Eilig rief ich nach Elly, die im Nebenzimmer Wäsche ausräumte.

„Kein Zweifel", meinte sie, „Du hattest noch ein Schwesterchen. Hat euch die Mutter nie von ihm erzählt? Das ist aber seltsam. Vielleicht hat sie sich geschämt. Früher wurde über solche Dinge nicht so offen gesprochen wie heute. Oder sie wollte euch nicht traurig machen und ihren Schmerz über ein verlorenes Kind für sich behalten, wer weiß das schon?" Tröstend nahm mich Elly in die Arme. „Ich weiß, du hättest gerne noch mehr Geschwister gehabt. Du hast ja noch Maria. Auch wenn sie so weit weg ist und du sie selten siehst, ist sie doch immer in deinem Herzen."

Ich sah es vor mir, das kleine Wesen, von dem ich bis jetzt nichts ahnte. Mein Herz füllte sich mit großer Trauer um das nicht gekannte Schwesterchen.

Wieder lief ich zum Fluss.

Als ich Stunden später nach Hause kam empfing mich Elly mit ihrem freundlichen Lächeln: „Ich habe da eine Idee."

Elly hatte immer Ideen, ganz gleich, um welches Problem es sich handelte.

„Wenn der Grabstein deiner Mutter beschriftet wird, lassen wir deinen Vater und die kleine Theresa auch mit drauf schreiben, dann kannst du, wenn du das Grab deiner Mutter besuchst, deinen Vater und dein Schwesterchen in dein Gebet mit einschließen und an sie denken."

Längst hatte ich Elly vom gewaltsamen Tod meines Vaters erzählt und dass ich nicht einmal sein Grab besuchen konnte.

Heute bin ich froh, einen Ort zu haben, wo ich mich meinen Eltern und auch dem Schwesterchen ganz nahe fühlen kann.

Inzwischen hatte mich auch so etwas wie Neugierde gepackt. Ohne lange zu überlegen, öffnete ich die Bändchen, welche die Briefe zusammenhielten, die die Mutter dem Vater an die Front geschrieben hatte, und las. Weitere Bändchen umschlossen die Briefe, die der Vater der Mutter aus dem Krieg geschrieben hatte.

Unschlüssig, welche ich zuerst lesen wollte, entschied ich mich, die Briefe nach dem Datum zu sortieren. So saß ich und las, was die Mutter dem Vater schrieb und dann die Antwort des Vaters.

Es waren eng beschriebene Zeilen auf brüchigem Papier in verschnörkelter, deutscher Schrift, die ich nur mit großer Anstrengung lesen konnte.

Zunächst schrieb sie immer, dass sie ihn sehr vermisse und hoffe, er käme bald wieder. Danach beschrieb sie ihren Alltag zu Beginn des Krieges. Sie schrieb, wie schnell Maria wuchs, dann, dass sie schon kleine Schritte gehen könne und dass sie zum ersten Mal „Mama" gerufen habe.

Der Inhalt der Briefe wiederholte sich mit wenigen Abwandlungen. Immer aber schrieb sie, dass sie Angst um ihn habe, und dass sie hoffe, dass er bald wiederkäme.

Der Vater versuchte in seinen Briefen die Mutter zu beruhigen, sie sei doch eine starke Frau, die sich vor nichts fürchten müsse. Das Essen sei immer zu wenig und unter der Kälte hätten alle sehr zu leiden. Am Ende schrieb er dann immer, er habe auch große Sehnsucht nach ihr und seiner kleinen Tochter. Sicher sei alles bald zu Ende, dann käme er nach Hause zu seiner Familie und alles Schreckliche wäre vergessen.

Es fiel mir schwer, die Eltern als junges Ehepaar zu sehen. Sie hatten gar keinen Einfluss auf das, was mit ihnen geschah. Vater musste in den Krieg per Befehl, da war keine Möglichkeit nein zu sagen. Wer den Befehl verweigerte, wurde erschossen.

Und Mutter, sie musste den Vater ziehen lassen, wie all die anderen Frauen und Mütter, die Männer und Söhne einfach loslassen mussten.

Ich sah mich selbst, dachte zurück an Marlene, an Susanne, an meine Eltern. Was hatten wir getan? Bei uns war kein Krieg, kein unumstößlicher Befehl, ins Verderben ziehen zu müssen. Wir waren auch jung und wir waren dumm, unwissend, egoistisch und unreif. Uns standen so viele Möglichkeiten offen und was taten wir? Leichtsinnig setzten wir unsere Chancen aufs Spiel, nahmen uns zu wichtig, standen uns selbst im Weg.

Wieder einmal packte mich tiefe Verzweiflung über mein verpfuschtes Leben. Nichts war mir wirklich gelungen und dabei spielte mir mein Hang zur Selbstgerechtigkeit immer wieder einen Streich. Wieso war ich immer wieder überzeugt, anderen ginge es besser, sie hätten mehr

Möglichkeiten, mehr Unterstützung, mehr Hilfe, mehr Verständnis bekommen?

Mein Fluss zeigte keinerlei zusätzliche Wellen, als ich ihm all meine Gedanken vortrug.

Zurück in Mutters Wohnung, fand ich einen Brief, der länger und umfangreicher war, als jene, die ich schon gelesen hatte.

Mutter schrieb:

Lieber Wilhelm,
ich habe lange überlegt, ob ich Dir diesen Brief schreiben soll. In deinem letzten Brief hast Du mich so wunderbar getröstet, mir Mut gemacht, bald sei alles vorbei und dann wäre alles, was wir erlebt hätten, unwichtig, Hauptsache, wir überlebten und wären wieder zusammen.
Ich schrieb Dir vor Monaten, dass wir einen schrecklichen Bombenangriff erlebten. Große Teile der Stadt liegen immer noch in Trümmern. Unser Haus hat auch einiges abbekommen, aber wir konnten es notdürftig richten.

In dieser Nacht ist aber noch etwas anderes passiert. Es fällt mir sehr schwer, Dir davon zu berichten. Alle aus unserer Straße waren über viele Stunden im Luftschutzkeller. Es war schrecklich, weil wir nicht wussten, ob wir noch einmal das Blau des Himmels sehen würden. Dann, als sich das Tor öffnete, jeder half jedem, war ich, weil ich einer Frau mit ihren Kindern half, eine der Letzten, die ins Freie strömten. Dabei hat mich der Luftschutzwart gepackt und mir Gewalt angetan. Alle waren mit sich beschäftigt, niemand schien meine kurze Abwesenheit zu bemerken. Ich habe mich furchtbar geschämt und versucht diesen Tag rasch zu vergessen.

Wilhelm, lieber Wilhelm, seit einigen Tagen weiß ich nun, dass dieser Vorfall Folgen hat. Wilhelm, ich erwarte ein Kind. Du bist schon so lange fort und ich weiß nicht einmal, ob du wiederkommst, ich bin mit meiner furchtbaren Schande allein.

Ich hoffe, dass Du lebst und wenn Du diese Zeilen liest, weißt, dass ich sehr verzweifelt bin.

Bitte, bitte schreib mir bald. Schreib mir, dass Du mich nicht verurteilst.

Deine verzweifelte Rosalie

Ich war wie vor den Kopf geschlagen, noch ein Kind, was für ein Kind?

Und dann sah ich auf das Datum. Mutter hatte den Brief einige Monate vor meiner Geburt geschrieben. Und das Kind einer Gewalttat, das

Kind war ich. Ich spürte, wie ich den Boden unter meinen Füßen verlor. Ich war ein Bastard, von einem gewissenlosen Menschen gezeugt. Einem Mann, der die Wirren einer Bombennacht und die Hilflosigkeit einer Frau schamlos ausnutzte.

Und mein Vater, der Mann, den ich für meinen Vater hielt, der im Krieg sein Leben täglich aufs Spiel setzen musste? Der erfahren musste, dass ein Anderer die Schutzlosigkeit seiner Frau ausnutzte. Und, als sei das nicht genug, dieses unselige Kind, das Kind eines Verbrechers, ich …

Wie schrecklich. Meine Mutter, wie konnte sie glauben, dass ihr Mann ihr das verzeihen würde?

Und mit übergroßer Deutlichkeit sah ich mich vor meinem Vater stehen. Mein Vater, der nicht mein Vater war, der in mir einen aufgezwungenen Sohn sah, dessen Existenz er nicht verhindern konnte. Der in mir immer nur den unfähigen, bequemen Menschen sah, der zu nichts zu gebrauchen war. Ein Sohn, der ihm vom Schicksal verwehrt geblieben war, den Sohn eines skrupellosen Gewalttäters, den hatte er jeden Tag an seinem Tisch sitzen. Mein Vater, der erleben musste, dass all seine Bemühungen, aus diesem unerwünschten Menschen einen anständigen Mann zu formen, erfolglos blieben.

Ich konnte seine Erwartungen nicht erfüllen, seinen im Verborgenen lodernden Zorn nicht stillen, seinen geheimen Hoffnungen, doch noch alles zum Guten zu lenken, nicht genügen. Ich, sein nichtsnutziger Sohn, konnte seine Vorstellungen vom tüchtigen, anständigen Menschen nie erreichen …

Und endlich, endlich wusste ich auch, warum.

Über Nacht war sehr viel Regen gefallen, die Dreisam führte Hochwasser. Ich war ein guter Schwimmer und deshalb gelang es mir auch nicht, in den Fluten, ohne verzweifelt zu schwimmen, meinem armseligen Dasein ein Ende zu setzen.

Elly brachte mich heim, ließ mir ein heißes Bad ein und bereitete mir einen starken Glühwein.

Als ich nach einigen Tagen wieder fieberfrei war und wir beim Essen saßen, konnte ich endlich meiner verständnisvollen Elly, die Schande der Entstehung meines ganzen jämmerlichen Lebens erzählen.

Und Elly hörte mir zu. Und zum ersten Mal erlebte ich meine Elly sprachlos.

Nach langem Schweigen brach es aus ihr heraus: „Deine arme Mutter! Wie muss sie gelitten haben. Sie konnte doch nichts dafür. Du warst doch trotz allem ihr Kind. Dich hat sie neun Monate in ihrem Leib getragen, dich hat sie unter großen Schmerzen geboren, dich hat sie trotz allem immer geliebt." Dabei nahm sie meine Hand, drückte sie in ihr Gesicht und begann schrecklich zu weinen.

Später berichtete sie mir, dass sie gelesen habe, dass Frauen, die vergewaltigt wurden und schwanger geworden seien, ihr Kind mit ganz besonderer Fürsorge und Hingabe umsorgten. Das könne sie gut verstehen, obwohl ihr ja die Erfahrung mit eigenen Kindern fehle. Mütter seien eben etwas ganz Besonderes.

Und ich, ich begann zu begreifen, dass ich gar keine Möglichkeit hatte, ein normales Leben, mit richtigen Eltern, ohne schreckliche Geheimnisse, ohne den Fluch einer unehrenhaften Geburt, zu führen. Was ich schon immer insgeheim gespürt hatte, jetzt wusste ich es, egal wie sehr ich mich bemühte, ganz gleich, wie sehr ich mich anstrengte, es war nie genug, konnte nie genug sein, reichte nie aus, um diesen Makel zu löschen.

Ich konnte mit niemandem über mein so spät entdecktes Unglück sprechen, außer mit Elly. Und Elly war geduldig, hörte sich immer wieder meine gleichen Klagen an, ertrug meine schlechte Stimmung, versuchte immer wieder, um Verständnis für das Verhalten meiner Eltern zu werben. Und sie ging mir dabei schrecklich auf die Nerven. Meine Wut auf Elly, auf alles wuchs, ohne dass ich ihr selbst Einhalt gebieten konnte.

Warum hatte meine Mutter anderen geholfen, anstatt auf sich zu achten? Warum hatte sie mich nicht abgetrieben, wie das, wie ich wusste, viele Frauen mit unerwünschten Kindern taten? Wie konnte sie mich all die Jahre lieben, beschützen, ohne mir die Wahrheit zu sagen?

Und wenn ich meine Herkunft gekannt hätte? Was hätte ich getan, ohne Mutters schützende Hand?

Wie hätte ich dem Vater unter die Augen treten können? Ihm Rede und Antwort stehen können, wenn er mich zweifelnd ansah?

Immer wieder drehte ich mich im Kreis, mein Kopf war in einer Endlosschleife gefangen.

Unser gemeinsames Leben war brüchig geworden. Es gab kaum noch Normalität. Kein friedliches Miteinander, wenn Elly mein Lieblingsessen gekocht hatte. Kein harmloses Frühstück, ohne einen sich rasch entwickelnden Streit über die Ungerechtigkeit in der Welt, den Egoismus, die Faulheit der Anderen und nicht zuletzt die Verlogenheit der eigenen Familie, wobei ich auch Elly immer mit einschloss.

„Du bist genau so einfältig und dumm, hast

keine Ahnung was alles geschieht und bildest dir ein, wenn du an das Gute glaubst, sei alles in Ordnung."

Wütend stürzte ich mich dann auf sie und war unfähig, meinen Zorn zu bändigen.

Meist verließ Elly mich dann wortlos und für einige Tage war Funkstille zwischen uns. Und dann begann alles wieder ganz harmlos und steigerte sich langsam.

Gedankenlos wandere ich durch meine stille Wohnung, schaue aus dem Fenster, beobachte, wie ein kleiner Spatz in der Vogeltränke ein Vollbad genießt. Darüber würde sich Elly auch freuen.

Elly, wo bist du?

Auf dem Tisch finde ich einen Zettel. Die Nachbarin Emma hat ihn geschrieben. Sie kommt, weil Elly nicht da ist, sie bringt Eintopf mit oder bezieht mein Bett frisch. Manchmal putzt sie auch oder bringt frische Wäsche mit. Meist macht sie ein bekümmertes Gesicht.

„Du bist zu viel allein, geh doch wenigstens ein bisschen an die frische Luft. Ein Glück, dass

Maja bei dir ist, sonst wärst du ganz alleine. Ich würde mich gerne mehr um dich kümmern, aber ich muss schon meine Enkelin alleine großziehen, weil sie ihre Mutter verloren hat, und ich bin auch nicht mehr die Jüngste."

Emma schreibt, am Freitag den neunzehnten Juli käme mein Neffe Toni aus Amerika. Ich solle etwas zum Essen einkaufen und mich ordentlich anziehen. Vielleicht könne Maja mir helfen.

Toni ist Marias Sohn aus ihrer Ehe mit Mendel, der so früh verstorben ist. Ich habe ihn lange nicht gesehen, vielleicht erkenne ich ihn gar nicht mehr. Bestimmt ist er jetzt schon ein erwachsener Mann. Schade, dass Elly nicht da ist, sie würde bestimmt zur Feier des Tages ein Festmahl kochen. Darin ist sie unschlagbar. Was soll ich denn nur machen ohne sie?

Ich muss in meinem Lieblingssessel, in dem ich mich nur kurz ausruhen wollte, eingeschlafen sein. Lautes, durchdringendes Klingeln dringt erneut an mein Ohr. Vor meiner Türe steht ein junger Mann und erkundigt sich lachend: „Onkel Paul, du wolltest mich wohl gar nicht reinlassen, hast du geschlafen?"

Toni hat sich zu einem stattlichen Mann entwickelt. Volles, lockiges Haar, ein kräftiges, von Lachfältchen durchzogenes Gesicht, braungebrannt, schlank mit leichtem Bauchansatz steht er vor mir. Er überragt mich um Haupteslänge und ich bin schon eins fünfundachtzig groß. Wir liegen uns in den Armen wie Brüder und genießen für einen Augenblick die lang vermisste, vertraute Nähe eines Familienmitgliedes.

Als wir einander loslassen, versuchen wir beide die Tränen in den Augen des anderen zu übersehen.

„Onkel Paul, du hast wohl ein Mittagsschläfchen gehalten, langsam wirst du alt", erklärt mir mein Neffe und lacht sein großes Jungenlachen, das ich sehr an ihm mag.

Als ich ihm erklären will, dass ich kein Essen vorbereiten konnte, weil Elly nicht da ist, wird sein Gesicht sehr ernst.

„Onkel, ich weiß doch, dass Elly nicht da ist, deshalb komme ich doch zu dir. Emma hat mich angerufen und mir berichtet, dass du dich sehr alleine fühlst. Sie hat mir auch erzählt, dass du ein bisschen vergesslich geworden bist und ein bisschen hilflos in den Tag hinein lebst. Aber jetzt bin ja ich da, um mich um dich zu kümmern."

Ein bisschen schäme ich mich vor meinem Neffen. Ich bin doch der Ältere, der Onkel. Ich sollte mich um Toni kümmern und nicht umgekehrt. Wie konnte es nur soweit kommen, dass ich jetzt manchmal vergesse, was um mich geschieht?

Maja kommt zur Türe herein und begrüßt Toni herzlich, die beiden scheinen sich zu kennen. Toni bringt sein Gepäck in unser Gästezimmer und macht sich ein bisschen frisch von der Reise. Dann sucht er ein frisches Hemd für mich aus und hilft mir beim Anziehen. Wir gehen in Michels Gaststube, Maja begleitet uns und bestellen ein großes, kaltes Bier und das Tagesgericht. Es gibt Rinderroulade, Kartoffelklöße und Rotkohl. Toni erzählt, er habe einen riesengroßen Hunger und sich schon seit Tagen auf das gute deutsche Essen gefreut. In Amerika ernähre man sich fast ausschließlich von Schnellgerichten und niemand wisse eine gute Mahlzeit gemeinsam mit der Familie am Tisch einzunehmen. Ein aromatischer *Williams Christ* bildet den Abschluss unseres üppigen Mahles.

Toni besteht darauf, dass ich mich ein bisschen ausruhe, während er verschiedene Telefonate erledigt.

Kaffeeduft zieht in meine Nase, Toni steht vor mir und berichtet, ich hätte zwei Stunden wie ein Stein geschlafen und ich kann mich wieder einmal nicht erinnern.

Beim Kaffee, Emma hat Kuchen vorbeigebracht, erkläre ich Toni, dass Elly einfach verschwunden sei und ich nicht wisse, wohin. Toni und Maja schauen mich nachdenklich an.

„Onkel Paul, es macht mich unendlich traurig, dass du dich an alles, was passiert ist, offensichtlich nicht erinnern kannst. Es fällt mir schwer, die Erinnerung in dir wachrufen zu müssen, aber ich muss es tun, wir müssen darüber sprechen."

Als ich ihn verständnislos anschaue, spricht er stockend weiter: „Erinnerst du dich, dass du im Krankenhaus warst? Da habe ich dich auch besucht, zusammen mit Maja."

Leider kann ich mich nicht erinnern. Toni berichtet weiter.

„Du warst sehr, sehr krank, nervenkrank, Onkel, da ist etwas ganz Schreckliches passiert. Versuche doch dich zu erinnern."

Mein Kopf ist leer, es fühlt sich alles wie Watte an.

„Toni, mein lieber Toni, hat das etwas damit zu tun, das meine Elly nicht hier ist?"

Fragend schaue ich von Toni zu Maja und Toni erklärt mit monotoner Stimme: „Ja Onkel, Elly ist nicht mehr hier. Wenn du dich stark genug fühlst, möchten wir dir etwas zeigen."

Ich freue mich, dass die beiden mit mir einen Spaziergang machen wollen und komme nur zu gerne mit. Wir gehen die Ortsstraße entlang, vorbei an blumengeschmückten Häusern, an alten Bäumen, die den Dorfbrunnen einhüllen. Ein grasbewachsener Weg führt uns hinaus ins freie Gelände. Eine herrliche Blumenwiese säumt nun unseren schmaler werdenden Pfad. Vor uns ein mit üppigen Ornamenten geschmücktes Eisentor.

Lautlos öffnet Toni das Tor und vor uns liegt der Friedhof. Ein mulmiges Gefühl beschleicht mich. Die vielen Grabsteine stimmen mich traurig, Angst steigt in mir hoch. Toni nimmt meine Hand und führt mich vorbei an mit Efeu bewachsenen Einfassungen. Wir bleiben stehen und mein Neffe zeigt auf ein frisch bepflanztes Grab.

„Onkel, kannst du lesen, wer hier liegt?"
Stockend beginne ich laut zu lesen:

Hier ruht in Frieden
Elly Schneider

Und ich fange an zu schreien: „Nein, nein Elly liegt nicht hier, sie ist wahrscheinlich nur weggefahren, sie wollte doch schon lange Freunde in Frankfurt besuchen. Sie ist nicht tot, das müsste ich doch wissen, bestimmt kommt sie bald wieder." Dabei sinke ich in die Knie und bin weg.

Im Krankenwagen erzählt man mir, ich sei ohnmächtig geworden, wahrscheinlich nur eine Kreislaufschwäche. Toni könne mich schon wieder mit nach Hause nehmen. Ich müsse nur regelmäßig die verordneten Medikamente nehmen.
Ohne ein Wort zu sprechen, fahren wir nach Hause.
Toni erkundigt sich fürsorglich, ob es mir wieder besser gehe, er müsse mit mir noch etwas besprechen. Maja hat sich inzwischen verabschiedet.
Immer wieder frage ich nach Elly und dann, was eigentlich passiert sei. Toni kramt in der Schublade des Küchenschrankes und fördert einen zerknitterten Zeitungsartikel zu Tage.
„Onkel, erkennst du den Artikel?", erkundigt er sich mit trauriger Stimme.

Mit großen Buchstaben steht da zu lesen:

Wusste Paul F. nicht was er tat, als er seine Lebenspartnerin erwürgte?

Paul F., war ich damit gemeint? Wieso erwürgt? Elly lebt doch, sie ist nur im Augenblick nicht hier, sicher kommt sie gleich zurück. Wieder schwanden mir die Sinne.
Leere!

Als ich wieder zu mir komme, sitzt Toni bei mir, er streichelt beruhigend meine Hand.

„Onkel Paul, es hat keinen Sinn, die Augen zu verschließen. Du musst jetzt endlich der Wahrheit ins Gesicht sehen. Du hast, offensichtlich in einem Anfall unbändiger Wut und ohne dir bewusst zu sein, was du tust, Elly so lange gewürgt, bis sie tot zu Boden fiel. Emma, vom anfänglichen Schreien von Elly alarmiert, fand dich hilflos schluchzend am Boden neben Elly, immer wieder stammelnd ‚Wach doch auf, wach doch auf, ich wollte dir doch nicht weh tun'."

Ich muss mich übergeben und sinke hilflos zu Boden.

„Geh weg, ich will dich nicht mehr sehen. Wie kannst du mir nur so etwas Schreckliches zutrauen?"

Meine Gedanken überschlagen sich, mein Schädel pocht, ich kriege keine Luft mehr und wieder versinkt alles im Nichts.

Als ich die Augen wieder öffne, sitzt Toni bei mir.

„Onkel, da bist du ja wieder, fühlst du dich wieder besser?" Und weil ich nichts antworte: „Onkel, komm endlich zu dir, du kannst das nicht ewig verdrängen, du musst zu dem stehen, was du getan hast."

Ich verstehe nicht, ich liebe Elly doch. Sicher auf meine Weise und vielleicht ist es auch nicht immer einfach mit uns, aber sie ist doch meine Frau, ich könnte ihr nie wehtun. Und überhaupt, ich könnte nie einen Menschen töten, ich, der mit jeder Fliege Mitleid hat. Wer hat sich denn so eine schreckliche Sache ausgedacht? Und Toni, der scheint das alles zu glauben.

Nachdem ich mich wieder ein bisschen beruhigt habe, spricht Toni weiter: „Nachdem man euch gefunden hat, hast du einen Nervenzusammenbruch erlitten und wurdest in eine psychiatrische Klinik eingewiesen. Dort warst du mehrere Monate. Ein Gutachter hat festgestellt, dass du zeitweise geistig verwirrt und deshalb schuldunfähig bist. Als es dir wieder besser ging, wurdest du entlassen. Ich bin hier, um dir zu helfen, weil du dich scheinbar immer noch nicht an die Realität gewöhnt hast."

Bestimmt geht gleich die Türe auf und Elly kommt quicklebendig vom Einkaufen zurück. Und alles ist nur ein schrecklicher Alptraum.

Toni versucht es immer wieder, mich mit seiner Wahrheit zu konfrontieren. Mit gutem Zureden, mit strenger Stimme, mit Einzelheiten von jenem schrecklichen Tag, ich kann und will ihm einfach nicht glauben und kann mich an nichts erinnern.

Jetzt stehen Toni und Maja Hand in Hand vor mir. Mit ernsten Gesichtern teilen sie mir mit, dass sie gekommen seien, um sich zu verabschieden. Toni erklärt mir, dass er Maja sehr liebe und sie deshalb mit nach Amerika nehmen wolle.
Wieso Maja?
Maria war doch schon lange in Amerika. Wer war denn Maja?
Verständnislos schaue ich die beiden an und bitte Toni, doch noch ein bisschen zu warten, Elly käme bestimmt gleich zurück und wäre bestimmt enttäuscht, ihn verpasst zu haben.
Unendlich traurig und mit einer hilflosen Geste verabschieden sich die beiden.
Emma kommt und verspricht mit weinender Stimme, sich weiterhin um mich kümmern zu wollen. Anscheinend weiß sie nicht, dass Elly bald zurückkommt.

Inzwischen mache ich mich auf den Weg zu meinem Freund, dem Fluss. Bei seinem gleichmäßigen Plätschern wird die Zeit rasch vergehen, bis Elly mich abholt.

Ich liege im Bett, wohlige Wärme umfängt mich. In meinem Arm halte ich meine Elly, sie ist warm und weich.

Ich rieche ihr feines Parfüm, den Duft ihrer Haare. Ihr leises Lachen dringt an mein Ohr. Zärtlich hält sie meine Hand.

Ich bewege mich nicht. Es ist als stehe die Zeit still. Ein unendliches Glücksgefühl hüllt mich ein. Ich spüre nur sie.

Langsam öffne ich die Augen. Draußen ist heller Tag, die Sonne scheint. Die Zweige der Birke vor dem Fenster wiegen sich im Wind und im gleißenden Licht scheinen die Blätter zu tanzen.

Ellys warmer Körper versinkt im Nichts. Langsam schlage ich die Bettdecke zurück und stehe auf. Mein Körper fühlt sich leicht, ja schwerelos an. Die warme Sonne legt sich auf mein Gesicht. Ich koche Kaffee und genieße den herrlichen Duft.

Auf dem schmalen Uferweg begegnen mir viele Menschen. Männer mit leichtem Sakko und Strohhut, Frauen mit bunten Röcken und fröhlichen Gesichtern ziehen grüßend an mir vorbei. Ich besuche meinen Freund, den Fluss. Sein Plätschern scheint sich gleichmäßig murmelnd zu wiederholen.

    Ich spüre es, das Leben ist schön.

ÜBER DIE AUTORIN

Gertie Martin-Schnapp wurde 1947 in Oberschefflenz (Baden-Württemberg) geboren. 1987 verwirklichte sie mit ihrem Mann ihren lang gehegten Traum von einem „Haus der Familie", in Münnerstadt-Windheim, in dem alte, kranke und gebrechliche Menschen bis heute gepflegt, versorgt und betreut werden.

Ebenfalls im MEDU-Verlag erschienen

Das Leben ist wunderbar – Roman, 2013
Traumkind – Roman, 2018
Zeit der Stille und Erwartung – Weihnachtsgeschichten, 2018